100個你一定要知道的歷史故事 II

文◎管家琪　繪圖◎蔡嘉驊

歷史故事是「人」的故事

／林良（知名兒童文學作家）

《100個你一定要知道的歷史故事》，這個書名中的「你」，是對少年讀者說的。這個書名，說明了這是一本為少年讀者編寫的歷史讀物。同時，這也是幼獅公司為紀念中華民國一百年而安排的一份獻禮——在中華民國一百年，以一百個歷史故事來敘述中華民族的歷史。

歷史是「人」創造的，所以歷史故事其實也就是「人」的故事。各式各樣的人，包括帝王將相，包括民間各行各業的傑出人才，都可能是「創造歷史的人」。因此美國兒童作家「房龍」（Van Noon, 1882-1944），他把為少年讀者所寫的一本世界史叫作《人類的故事》。

幼獅公司的這本歷史讀物，講的是中華民族的歷史，所以也可以說是一本「中華民族的故事」。故事從上古的神話時代說起，由盤古開天、女媧造人，一直說到國父革命、民國成立。必須提到的是重要人物至少有好幾百個。時間這麼長，人物這麼多，這個故事應該怎麼寫才妥當？

幼獅公司邀請兒童文學作家管家琪來思考這個問題。管家琪提出了一個構想，就是為五千年的中華民族歷史「開菜單」。也就是在五千年的歷史中，想想哪一個事件是不能不說的，哪一個人物是不能不提的。擬好了滿滿一份菜單，然後才是「讀菜單」，補充一些遺漏的，刪去一些次要的。就是這樣增增刪刪，一再斟酌，完成了一份「有一百個歷史故事」的菜單定稿，然後再根據那菜單一個故事一個故事動筆寫。她確實很用心的實現了這個構想。

管家琪擅長寫童話，對於「寫故事」有豐富的經驗。在這本書裡，因為寫的是歷史故事，所以她寫人物的時候，特別著重「歲月」跟人的關係，不時的提到人物在事件中的年齡，使人物變得更加鮮活而令人感到親切。這是她的歷史故事的特色。管家琪的文筆，流暢活潑，最能避免嚴肅的歷史讀物難以避免的枯燥乏味，因此得以順利成為最為適合少年讀者閱讀的歷史讀物。

管家琪寫的童話和少年小說，往往不自覺的流露她的幽默感。在這本歷史故事裡，她常常在敘述中穿插風趣的按語。這些按語往往使少年讀者感到有趣而開心，完全忘了正在閱讀的是一本別人會認為是乏味的歷史讀物。

這一百個故事，每個故事大約二千字左右。讀得慢的少年讀者，十分鐘裡一定可以讀完。這種「用小故事敘說大歷史」的特色，一方面是希望能跟其他的長篇歷史讀物有所區隔，一方面也是為少年讀者閱讀的方便所作的特殊安排。

希望有機會讀到這本書的少年讀者，都能因為讀了這本書而成為一個「懂歷史的少年」。

一部精采的故事歷史書

／陳正治（前台北市立教育大學中語系主任）

歷史是人類文明的結晶，也是國家、民族的根。沒有根的樹，枝葉不可能繁盛；沒有歷史的國家、民族，人民也不會有發展。唐太宗說：「以銅為鑑，可以正衣冠；以史為鑑，可以知興替；以人為鑑，可以知得失。」了解歷史，可以知道國家興亡的根源，並以為施政的參考；從歷史人物的起落和影響，可以讓我們「見賢思齊，見不賢而內自省」，有益於我們的做人處世。

中華民族有五千年歷史。對兒童來說，要了解這些浩瀚的歷史，正如所謂的「一部二十六史，不知從何說起」一樣，找不到入手的地方。如果有人以正確的史觀，精簡的取材，生動的文筆把它寫出來讓兒童閱讀，那真是造福無窮。但是做這工作，需要有膽識和功力的人。

管家琪女士就符合這條件。她是輔仁大學歷史系畢業，又當過記者，出版過近三百本書，有基本的史學和史識，更具有取材和書寫的功力。因此，由她來介紹五千年的歷史給小朋友，真是恰當的人選。

管家琪女士花了好長的時間寫了《100個你一定要知道的歷史故事》這部書。這部書由幼獅文化公司出版，共有三本。書裡以人物為主軸，從上古文明的前言介紹起，然後述說黃帝、堯、舜、禹、湯、文王、武王、周公，一直至國父孫中山先生的建國。上下五千年的歷史，就在這有趣的故事中，展現在兒童的面前。

這部書有許多特色：

● 取材精當：這部書精選了一百個小朋友最應該知道的歷史事件，從重要的歷史人物切入，按時間先後，從上古開始，寫到民國成立。小朋友在最短的時間內，可以獲得有系統、完整、全面的歷史知識。

● 內容豐富：這部書裡的內容，包含各朝代的興起和沒落，國君名臣的行事，指南針、紙張等器物的發明，科舉制度、變法的介紹，老子、孔子、王充等思想家的簡介，管仲、晏子等政治家的行宜，建安七子、田園詩人陶淵明、詩仙李白、詩聖杜甫的為人和作品特色，醫聖張仲景、書聖王羲之、畫聖顧愷之的故事，一字千金、紙上談兵、圖窮匕見、先發制人等成語典故的由來等等。內容真是豐富。

● 文筆生動有趣：管家琪女士是一位有名的兒童文學作家。她以簡潔流暢的文筆，說故事的方式，娓娓的把五千年的歷史說出來。小朋友在生動、有趣的故事中，享受文學的薰陶，獲得歷史、文化的精髓，增長了見識和智慧。

把我國歷史，用淺顯、有趣的現代文字介紹給少年、兒童閱讀，這是一項極為神聖的工作。管家琪女士這位有膽識、有功力的人，完成了這件有益、有趣、宣揚文化的著作，真令人欣慰。在此，向她致敬，也高興兒童有這麼好的書籍可以閱讀。

歷史是我們血液中的一部分

／管家琪

我一直很希望能夠編寫一套最基本的歷史常識性的書籍，特別是在當今台灣這樣的大環境之下，我很希望這套書能夠作為孩子們的一套課外補充教材。這次能夠有機會編寫這套《100個你一定要知道的歷史故事》，真的有一種一償宿願的感覺。能夠有這樣的機會，我覺得很幸運。而且，在整個讀書和寫作的過程中我經常都會覺得好過癮，因為這些歷史人物、這些歷史故事，實在是太精采了！希望小讀者們，能夠在閱讀的時候也感受到這種精采。

「100」個「菜單」都是我自己開的。重要的、有趣的、有意思的、有意義的歷史故事很多，我所列出來的都是最最基本的，有如是先打一個底子。如果能夠在這樣的基礎之上往上再加強，還有好多好多其實都是我們應該知道和應該更深入去了解的歷史故事。

人之所以愚昧，往往就是因為出於無知。我常常有一種感覺，現在我們所生活的明明是一個科學相當進步，資訊照說也應該算是相當發達的時代，可是我說真的，近年來我發現很多人（還不只是小朋友）無知的程度真的很讓人吃驚！為什麼會如此？我覺得就是因為文史方面的素養太差了，常識也太貧乏了。

從「開菜單」到實際上的編寫，我很重視「人物」和「時間」這兩個概念，而這兩個概念又會互相影響。

首先，所謂「歷史」，就是「已經發生的事」、「不可改變的事」，「歷史」這個詞在英文中叫作「History」，如果把這個字拆開來，就是「His」和「Story」兩個字，也就是「他」（當然實際上也包含「她」）和「故事」，就是「他（她）的故事」。是啊，其實每個人都有故事，我們是在什麼時代、什麼時候、什麼樣的情況下出生，隨著我們的成長，我們都會遭遇很多很多大大小小的事情，而每一個時代，都會有很多人物（不管是正面人物或反面人物），由於他（她）們的作為，不僅影響了自己的命運，甚至還左右了一個民族的命運，這麼一來，他（她）的故事，就是整個民族甚至整個人類的重要內容之一。

其次，我很重視時間。在敘述一個重要的歷史人物時，只要有「時間」的觀念，比方說，秦朝末年劉邦開始造反的時候已經四十七歲，諸葛亮出山的時候才二十六歲（真是不得了的青年才俊啊）、岳飛被害的時候才三十九歲……我很注意這些重要歷史人物在遭遇到人生重大事件的時候當時的年齡，我覺得這麼一來，這些歷史人物的感覺就會更鮮活。同時，我從上古開始一直寫到民國成立，也是按照時間敘述下來，每一個朝代維持了多久，也都會適當的提一提，我希望大家把這一百個故事從頭讀下來，就會有一種比較清楚的歷史感。

歷史絕不是死板的，歷史是我們血液中的一部分。尤其是當我們了解了過去的歷史之後，對於拓展我們的視野、加強我們對事情的判斷力，以及培養我們的人文素養都會很有幫助。

目錄 II

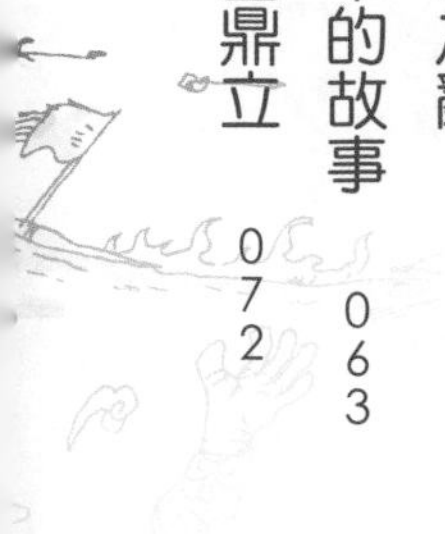

第34個

王莽篡漢

漢朝一共四百多年，中間穿插了一個為時僅十七年的新朝。新朝的建立者為王莽。從此，從漢高祖劉邦至王莽代漢自立為止，史稱「西漢」；在西元二十五年，新朝覆滅，劉邦的後裔劉秀登上皇位以後，史稱東漢。

王莽的一生（西元前46-23年）也可以概分為兩個階段，一個是代漢之前歷時三十多年「處心積慮、沽名釣譽」的階段，另一個則是建立新朝以後「焦頭爛額、一塌糊塗」的階段。

「處心積慮」這個詞應該不用解釋了，就是用盡心機的意思，那什麼叫作「沽名釣譽」呢？就是說一個人所做的善事都是為了博得別人的讚揚，並不是自己真心想要行善。王莽在建立新朝以前，人人都說他是一個大好人，是一個難得的賢人，在他露出真面目以前，誰也想不到他竟然會想當皇帝、竟然會做出篡位這樣大逆不道的事。

王莽出生的時候，因為漢元帝的母親王政君升任皇太后，外戚王氏集團已儼然成形，成為一股重量級的政治勢力，王氏家族更是一個非常顯赫的家族，不過，這個時候的王莽一家還沒有沾到什麼好處，仍然過著相當貧寒的生活。等到王莽長大，他恭恭敬敬的侍奉著寡母和寡嫂，並盡心盡力的教

育沒有父親的姪兒，知道王莽的人都會發出由衷的讚美：「這個年輕人真難得！」

表面上，王莽溫文儒雅，好像非常的淡泊名利，實際上他很早就「胸懷大志」，早就在為進入官場而做準備。所以，他一方面廣交名人儒士，另一方面在執掌朝廷大權的伯父和叔父面前，更是恭謹得不得了，並且逐步贏得了他們的信任和好感。

伯父王鳳病重的時候，王莽不分晝夜守在他的身邊，不僅親手給伯父餵飯餵藥，還給他端屎端尿，連親生兒子都不見得做得到的事，王莽可以一做就是好幾個月，而且非但毫無怨言，連眉頭都不曾皺過一下，最後，王鳳終於被深深的感動了，在臨死之前，鄭重囑託王太后和漢成帝，拜託他們好好照顧王莽，給他一個表現才幹的機會。

不久，王莽就當上了「黃門郎」，這是皇帝的侍從官，官職雖然不算高，但在宮內供職。後來，他又被封為射聲校尉，是負責護衛京師的高級軍官。做了官以後，王莽仍然小心翼翼的做人，生活儉樸，待人誠懇，還疏散家財救濟貧困的人，並廣交貴族，提高聲望，贏得了一致的好評，只要是認識他的人沒有不誇他好的。當他的叔叔王根年老退休以後，王莽就接替了王根的位置，當上了大司馬。這個時候，王莽三十歲，已經進入了朝廷權力中心。

雖然大司馬已是位高權重，王莽仍然不滿足，繼續過著聖人般的生活，為自己爭取更多的讚美。有一次，王莽的母親病重，朝廷大臣們都讓妻子們代表去探望，王莽刻意叫自己的妻子穿著一身的破衣服去接待，那些珠光寶氣的夫人們見了，先是大感驚訝，繼而就對王莽如此儉樸的生活都感到更加的佩服。

還有一次，王莽的次子殺死了一個奴婢，在那個年代，奴婢就像是物品

一樣，這本來不算是什麼大事（當然這種觀念在今天看來絕對是錯誤的），可是王莽卻逼兒子自殺來償命，此舉更為他贏得了極大的讚譽，一時之間朝野上下都希望能夠由王莽來管理朝政的呼聲日益高漲。

王莽就是靠著這些舉動，獲得了「安漢公」的封號。同時，為了進一步鞏固自己的位置，他又費盡心機使女兒成為漢平帝的皇后。不久，王莽便獲得了「宰衡」的稱號，位列上公。

西元五年，已生篡位之心的王莽，察覺十三歲的漢平帝對自己的不滿，乾脆先下手為強，毒死了漢平帝，再擁立年僅兩歲的劉嬰做「孺子」，自己則做起「攝皇帝」來。三年以後，王莽終於正式昭告天下，代漢自立，建立新朝。之所以稱作「新朝」，是取其「除舊布新」的意思。

緊接著，王莽依照《周禮》設計了一套對社會進行復古改革的藍圖，希望能夠緩解自西漢中葉以來的社會危機，這一系列的改革稱為「新政」，比方說，下令天下所有土地從此一律改稱「王田」，歸國家所有，所有的奴婢也改稱私屬，都不許買賣。在新朝的十七年之中，王莽提出了一大堆的改革，但沒有一件能順利的執行，結果反而愈搞愈糟，天下大亂，譬如，關於貨幣的改革就先後進行了五次，反而引起了經濟混亂，社會不安的情緒也日益嚴重。

王莽又剛愎自用，疑神疑鬼，到後來連自己的兒孫都不相信，徹底成了一個遭到眾叛親離的孤家寡人，身邊只留下一些逢迎拍馬的小人。王莽在焦頭爛額之餘，要這些小人想想辦法，他們竟想出一連串教人啼笑皆非的「辦法」！

舉一個例子，有一個人竟上書王莽，說想要天下太平，就必須立「民母」，還說黃帝就是因為娶了一百二十個妃子而成了神仙，王莽居然相信這番鬼話，真的派人四處去尋找合適的民女。

西元二十三年，反對他的聲浪愈來愈多，王莽為了粉飾太平，同時或許也是想為自己打氣，掩飾內心的不安，特別舉行了盛大的婚禮，為了這場婚禮，王莽還叫人用墨汁把他白花花的鬍鬚全部染黑，可惜後來在婚禮進行的時候，天公不作美，下起了一場大雨，想想看王莽的鬍子和他的禮服有多慘吧（如果王莽來到現代，看到現在這麼普遍又這麼好用的染髮劑，一定羨慕死了）。

眼看造反怎麼也鎮壓不住，王莽想要力挽狂瀾，打算無奈放棄新政，但是因為新政太多，連他自己也弄不清到底該廢除哪些新政，於是居然下了一個荒唐的命令，說「自朕即位以來，凡是不利於民的政令，全部收回。」

王莽最終的結局是很悲慘的。西元二十二年，起義軍殺向長安，舉朝震驚，翌年，亂軍攻破長安，王莽被殺，還被剁成了肉醬。

兩年以後，劉秀登基，重建漢王朝，東漢紀元開始。劉秀就是漢光武

帝。接下來，漢光武帝花了十年的時間，重新完成統一大業，並展開大力整頓。在他統治期間，東漢的經濟迅速恢復和發展，社會安定，出現了久違的一派欣欣向榮的景象，史稱「光武中興」。

第35個
勇於質疑的思想家王充

在王莽窮途末路的時候，不但有人建議他效法黃帝娶一百二十個妃子，說這樣可以成仙，還有人說，不對不對，當年黃帝是因為建華蓋才成仙的，所謂「華」是光彩、漂亮的意思，「蓋」在這裡是指古人口中的傘，所以「華蓋」就是一把漂亮的傘

（或是可遮陽的東西），結果王莽聽了也信，就立刻命工匠造了一個超級華蓋，高八點一丈，裝上四個輪子，移動的時候就用六匹高頭大馬和三百個穿黃衣、戴黃帽的壯漢拉著。這麼大的東西，好像叫作「華蓋」很不合適，於是就叫作「登仙車」，此後每當王莽外出，就讓這輛登仙車作為前導在前面開道，叫幾個人站在車上拚命擊鼓，然後三百個壯漢一邊拉、一邊還要齊聲大呼：「登仙！登仙！」

是不是很誇張？你一定會想，這些人都瘋了嗎？怎麼這麼離譜的事也會有人相信、而且還做得出來？

這有一個很重要的背景因素，那就是兩漢時代本來就是一個充斥著神學和迷信的時代。所以，在那樣一個大環境、在那樣一種特殊的氛圍中，好像類似「登仙車」這樣的點子也就顯得很正常了！

幸好，不是每一個人都瘋了，還是有不瘋的。就在這樣的時代裡，出了

一個了不起的思想家，他就是王充（西元27-97年）。

王充是會稽上虞（今浙江上虞縣）人。史書說，他出身「細族孤門」，自幼好學，儘管「家貧無書」，但是他「常遊洛陽書肆，閱所賣書，一見輒能誦憶，遂博通眾流百家之言。」「肆」是小店鋪，意思就是說，王充雖然因為家裡的經濟條件不好，買不起書，他就經常在洛陽一些賣書的小店鋪裡流連，看免費書，由於他天資聰穎，記憶力又特別好，居然把書看一看就能記住，還能背誦，於是就用這樣的方式讀了很多很多的書（幸好那個年頭的書都不會包起來不給人看）。

當然，王充最可貴的還是他絕對不是死讀書、盡信書，他有自己的獨立思想，並且勇於質疑。

我們就先來簡單的介紹一下王充的看法：

◆以往都相信帝王都不是凡人，所以，堯的母親是與赤龍相感而生堯，漢高祖劉邦的母親也是由於在夢中與蛟龍交感而生劉邦，但是王充認為，異類不能相交，同時，就算是赤龍、蛟龍，龍不過是獸類，並沒有人高貴，雖然統治者喜歡散布這種神怪傳說，表示自己與眾不同，實際上帝王和普通人並沒有什麼不同。

◆每當統治者要做什麼正確的事，就會有「祥瑞之兆」，如果統治者做錯了什麼事就會遭到天譴，因而會有可怕的天災；但王充認為，所謂「祥瑞」和「天譴」都只是一種自然現象，純屬巧合。

◆傳統儒者說「天地故生人」，王充認為這是錯誤的，應該是「天地合氣，人偶自生也」。王充說，天地造化萬物和人類，完全是無目的、無意志的，萬物的產生和發展都是一種氣化的自然過程。

◆王充還說：「人，物也，萬物之中有智慧者也。」他認為既然人也是自然界的一部分，人和萬物就沒有本質的不同，而人之所以為萬物之長

（「萬物之靈」的意思）而貴於物，就是因為人有知識和智慧；那麼，人之所以會有知識和智慧，就是因為人所稟受的是元氣中最精微細緻的部分，那就是「精氣」。精氣本身並沒有什麼神祕之處，也並無知覺，同時，它還必須依賴人的形體才能發生知覺作用。

在王充的代表作《論衡》中，充滿了這些在當時被視為是非常「驚世駭俗」的言論；可是想想王充是生活在兩千年前的人物，實在不得不為他有這樣的見解而感到佩服了！

王充的思想之所以會被視為「驚世駭俗」而不能被容忍，其實說穿了無非就是因為他的言論挑戰和威脅到了統治者的「合法」權力。比方說，兩漢時代所盛行的神學思想，認為「天」與「人」之間存在著一種神祕的關係，可以互相感應，所以，「天」能決定「人」的禍福吉凶，按這樣的邏輯就可以把自然次序與社會次序等同起來，這麼一來也就證明封建統治秩序完全是天意所決定的，完全是合理合法的，非人力所能改變；然而王充卻運用元氣自然論、和自然現象等等，否定了「天」與「人」之間的神祕關係，從而等於是動搖了封建統治的精神基礎，這樣的思想不被視為「異端」才怪呢！

儘管終身都遭到排擠，但是王充仍然勇敢的表達自己的思想，毫不妥協。他做過幾任小吏，後來都做不下去，便退而教書維持生計。他一生淡泊名利，除了教書，更努力著書。可惜王充大部分的著作都已散失，幸好《論衡》一書保存了下來。王充對後世的影響是難以估計的；至少在東漢末年，神學、迷信之說已受到大眾的摒棄，整個學術風氣發生了根本的變化，這和王充一直堅持的批判精神必然有著一定的關係。

第36個 蔡倫造紙

蔡倫是一個宦官。在古代，對一個男性來說，如果不是無路可走，沒有人會願意去當宦官，同樣的，如果不是迫不得已，也沒有哪個父母會把兒子送去做宦官，蔡倫也是一樣，也是因為家裡實在太窮，在萬不得已的情況之下據說是在幼年的時候就進

入宮中當了宦官。

或許就是因為蔡倫本來只是一個微不足道的小人物，所以，後人不大確定他到底是在哪一年出生，只知道他是在大約西元七十五年、東漢時期入宮。不過，誰也沒有想到，這個小太監後來竟有了一個驚天動地的發明，深深影響了整個世界文明的發展；他在元興元年（西元105年）向東漢和帝呈獻了一個絕妙的好東西，那就是——紙。

由於蔡倫曾經被封為「龍亭侯」，所以當時老百姓都把蔡倫發明的紙稱作「蔡侯紙」。

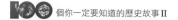

從此，世界歷史上就這麼記載著：「西元一〇五年，中國的蔡倫發明了紙。」

對現代人來說，紙可能是一個非常普通的東西，普通到你根本早就不太注意到它的存在。但是，想想看在紙還沒有被發明出來的時候，古人如果

想要寫一點什麼、記錄一點什麼的時候有多麼的不方便！在上古的商、周時期，大家一般是把文書刻在獸骨和龜殼上，這就是「甲骨文」，特別重要的紀錄則是刻在青銅器上；到了戰國時期，開始大量使用竹簡木牘，所以秦朝的宰相李斯還發展了「小篆」這種字體，扁扁的，寫在竹簡上比較節省空間，相對的也就能寫比較多的內容。

用竹簡來當成是記載的一種物品，雖然比起龜殼之類已經進步了一些，但無論是書寫、攜帶或是收藏都還是非常不便。當年秦始皇每天都要看一百公斤的公文，就是因為這些公文都是寫在竹簡上；西漢時期，東方朔給漢武帝寫了一封「萬言書」，用了三千根竹簡。想想看，如果大家一直就這麼用竹簡來書寫，對於文化的傳播一定是非常不利。

當然，也有些皇室或是達官貴人以及有錢的人家會用絹帛來書寫，可是，絹帛那麼昂貴，不可能大量書寫，更不可能大量傳播。在西方，早期

「莎草紙」的質地非常脆弱，極易損壞，還不如竹簡方便，而如果用羊皮來書寫，那比絹帛還要貴。在紙還沒有被蔡倫發明出來之前，全世界人類的智慧經驗（也就是「文明」）的累積是非常受限的，文化的傳播速度也是非常遲緩的，所以難怪紙這個現在看似平凡的東西，會和印刷術、火藥、指南針一起並列為中國古代的四大發明。

一個宦官，怎麼會有這麼神奇的發明呢？首先，前人的經驗基礎相當重要。一九五七年考古學家在今天的陝西西安市灞橋的一座漢墓中發現了「紙」，後來被稱作「灞橋紙」，雖然學者們經過分析，認定這只是在漚麻等加工過程中無意間產生的一種副產品，並不是刻意製造出來的，而且上面沒有字跡，表示也還不能用做書寫，但是，以時間來說，由於西漢畢竟是在蔡倫所處的東漢之前，因此，既然當時民間已經出現了像「灞橋紙」這樣的東西，想必一定給了蔡倫一些造紙的靈感。

還有一種也頗為普遍的說法是跟蔡倫入宮之前的生活經驗有關。蔡倫是桂陽人（今湖南耒陽縣），當地山清水秀，每當春天桑蠶成熟，要開始抽絲的時候，總會有很多婦女坐在溪邊，用溪水漂絮，等到她們洗完了以後，水面上都會留下一層薄薄的絲絨，小心撈起來，曬乾以後就會變成絮紙。後人相信這個絮紙形成的過程對蔡倫一定有所啟發。絮紙成本高，質量卻很差，蔡倫後來採用樹皮來作為原料造紙，是一大創新，開創了近代木漿造紙的先河。

蔡倫初入宮中，想必過了一段不算短的辛苦的日子，不過，大概也是因為他很聰明，會動腦筋，做事也還勤快，不偷懶，遂一步一步慢慢往上爬，後來在和帝永元九年的時候，當上了「尚方令」。「尚方令」是一個什麼樣的官呢？簡單來說，就是負責主管製造宮廷用品的官員。不難想見，當時在宮廷的作坊裡一定有全國最好、最豐富的資源，蔡倫可以盡情使用，不斷的做各式各樣的實驗。

現代學者將一張東漢麻紙用現代科技來加以分析，發現它的製作過程大致是這樣的：第一步先將樹皮、麻頭、破布、舊漁網等原料切碎，煮爛，把這些東西裡頭所含的纖維分離出來，成為紙漿。接著，再把紙漿加以捶打，加進黏汁，溶在漿中，變成稀糊的狀態，然後，再用細細的竹簾放進之前已成稀糊狀態的東西，並且一張一張均勻的撈出來，最後再從竹簾上取下來鋪平，晾乾，這才終於變成了紙。看看這整個過程，相當繁複，當時蔡倫一定是非常耐心且細心的不知道經過了多少次的實驗才宣告成功。以現在的說法是，至少包括了原料處理、製漿、打漿、抄紙、乾燥等幾個主要的步驟，這幾個過程、或者說這個有關造紙的基本工藝原理甚至一直沿用到現在。

造紙術很快的就在全國推廣，工藝進步也很快。主要也是整個社會對紙的需求很大吧，有了紙以後，文化傳播的速度立刻有了飛躍式的進步。等到

「蔡侯紙」在全國各地都廣為流傳了之後，慢慢的也就陸續傳到了國外；按歷史記載，在晉代已經傳到朝鮮和越南，接著，再從朝鮮傳到日本，同時，在唐玄宗天寶年間，在與阿拉伯大食國的戰爭中，唐朝安西節度使高仙芝的軍隊戰敗，被俘士兵中有造紙工人，造紙術就這麼傳到了阿拉伯，之後又由阿拉伯陸續傳到亞洲西部和非洲北部，十二世紀中葉再傳入歐洲，西元十七世紀末，造紙技術又輾轉傳到美洲，十九世紀由歐洲再傳到澳洲。至此在「蔡侯紙」問世之後經過了一千多年的流傳，終於讓全世界都享受到了這項偉大的發明。

第37個

精通天文地理的科學家張衡

張衡（西元78-139年），字平子，南陽西鄂（今河南安陽市北五十里左右），是東漢時期著名的科學家、史學家和文學家。

張衡出生於一個望族，他的家鄉開發得很早，是一個無論經濟和文化都很發達的地區（在戰國時代就以冶鐵和煉鋼業聞名）。祖父張堪曾任蜀郡太守。可以說張衡從小就是在一個相當優渥的環境下長大，但是他並不貪圖享

受，十七歲那年就開始離鄉遠遊，增長見識，磨鍊才幹。

在封建時代，知識分子在「升官發財」的思想下，往往都是把做官當成是出人頭地的唯一出路，但是張衡卻很早就表現出對於仕途的不感興趣，一生雖然也做過太守主簿、郎中等幾種官職，但是他並沒有把追求升官當成是奮鬥目標，而幾乎是把畢生的精力都放在科學和文化事業上，所以，他屢屢放棄了升遷的機會；他最喜歡當的一種官就是「太使令」，因為這個官職與天文、曆算有關，能得到最好的設備以及研究條件。

我們先看看張衡在科學上的成就。在古代一直有「天圓地方」的說法，就是所謂的「蓋天論」，但是張衡在經過多年實際的觀測和研究之後，卻勇於打破「蓋天論」，提出嶄新的「渾天說」，就是說天形是渾圓的，包裹著大地，並指出「宇宙是無邊無際的，天體則是有限的，天體只是宇宙的一部分」、「宇宙在空間和時間上是無限的」等觀念，都是經得起現代科學驗證的正確觀念！張衡把這種前所未有的渾天思想都寫在《靈憲》一書裡，這一年他三十八歲（西元115年）。一直到現在，這本書都還是世界天文學史上的不朽名著。

在古人看來，「日蝕」和「月蝕」都是一種非常恐怖的不祥之兆（如果我們是生活在兩千年以前，看到這樣的異象，一定也會覺得很可怕），但是張衡卻能夠解釋為什麼會發生這樣的現象，而且提出月蝕的周期是「凡百十三月而復始」的科學論斷，這是中國歷史上第一次能夠對天象進行預報，也是中國有關月蝕研究最早的紀錄，比西方足足提前了一千多年！

張衡不但是在理論上對整個世界天文學都有所貢獻，他還是一個發明家。在他四十歲那年（西元117年），他根據自己「渾天論」的理論，製造了世界上第一架能夠比較準確測定天象的渾天儀。渾天儀看起來像一個大球，用鐵軸貫穿球心，鐵軸的方向就是地球自轉的方向。張衡還用滴漏壺與

渾天儀相連，巧妙運用滴水的力量推動齒輪來帶動渾天儀，渾天儀一天一轉，這樣張衡就可以把所有所觀察到的天文現象按時按刻非常精確的記錄下來，這些紀錄對於科學研究是多麼的寶貴和重要！渾天儀這個發明，在當時放眼全球也是獨一無二的。

由於精心的觀測和研究，張衡慢慢認識到原來地震也是可以測定的。在他五十五歲的時候，終於創造了世界上第一架測量地震的地動儀。地動儀是用青銅製造，外表看起來像一個很大的酒器，能測定東、南、西、北、東南、東北、西南、西北等八個方向發生的地震。地動儀當然是安放在首都洛陽。五年以後（西元138年），距離洛陽千里之外的甘南發生地震，地動儀就能夠準確的測出來。一千七百年以後，歐洲雖然發明了比張衡地動儀更為精密的儀器，但是其中的科學原理卻是和地動儀一樣的。

張衡在科學上的成就真的是非常驚人啊。

張衡同時也是一個傑出的文學家，他的《二京賦》被公認為是傳世之作。這是他前後歷時十年，改了又改，才終於完成的。而且，即使是文學寫作，張衡也不改科學精神，非常注重實地考察，再用充滿文學的優美筆調把所見所聞以及所思所感描述出來，在中國文學史上留下了光輝的一頁。

第38個

醫聖張仲景

在現代社會，醫生是一個被很多人所羨慕和景仰的職業，你一定很難想像在距今大約兩千年以前，醫生卻被視為是一種賤業。但是，有這麼一個人，從少年時期就已立定志向，希

望將來能當一個良醫，而且他後來果真做到了，這個人就是東漢時期的張仲景，並被尊為「中國醫聖」。

張仲景的生年不詳，只知道大約是在西元一五〇年，卒年則是西元二一九年（東漢獻帝在位期間。獻帝是東漢亡國之君，西元一九六年，曹操「挾天子以令諸侯」，所挾的天子就是獻帝）。

張仲景本名機，仲景是他的字。他是南陽（今河南南陽縣）人，南陽因為是漢光武帝的故鄉，所以史稱「帝鄉」，據說自古山清水秀，人文薈萃。張仲景出身大戶人家，自小就接受良好的教育。據說在他少年時期，最喜歡讀的書就是司馬遷《史記》中的《扁鵲倉公列傳》（扁鵲距張仲景大約四、五百年，司馬遷則是兩百多年，對張仲景來說，都已經是歷史人物了！）

扁鵲是戰國時代的醫學家，有一次，路過齊國，齊桓侯客客氣氣的接待

他。扁鵲一見到齊桓侯，就說：「你的腠理有病，不趕快醫治的話會嚴重的。」

「腠理」，就是皮膚的紋理，在中醫是指皮膚的紋理和皮下肌肉之間的空隙。桓侯說，怎麼可能？我好得很，我沒病。

扁鵲只好走了。他一走，桓侯就跟左右的人批評扁鵲，說這些行醫的人就是這麼好利，人家明明沒病，他偏偏要說你有病，再假裝為你治病，然後當成是自己的功勞。

五天以後，扁鵲又來見桓侯，說：「你的病已經到了血脈裡，如果不趕快醫治，會更嚴重的。」

桓侯還是說「我沒有病」，而且很不高興。

又過了五天，扁鵲再去見桓侯，對桓侯說：「你的病已經到了腸胃，再不醫治，就要更嚴重了。」

桓侯聽了，理都不理。扁鵲走了以後，桓侯更不高興。

又過了五天，扁鵲再次去見桓侯，可是這一次，他一見到桓侯，慌慌張張的掉頭就走。

桓侯派人去問扁鵲到底是怎麼回事，扁鵲說，當疾病在腠理、血脈、腸胃的時候，都有辦法可以醫治，可是現在疾病已經到了骨髓，我就不再請求為他醫治了（意思就是已經沒救了）。

過了五天，齊桓侯果然病倒了，派人趕緊去召見扁鵲，可是扁鵲已經逃走了。桓侯就死了。

這段故事，少年張仲景一讀再讀，覺得扁鵲實在是太神了，據說從此就立定志向，長大以後一定要做個醫生。

可是在那個時候，醫生還是賤業，父親當然是希望他將來能夠做官。幸好在張仲景十六歲的時候，發生了一件頗玄的事；父親帶他去見一位隱士，

此人以特別會看別人的前途而聞名。這個奇人仔細端詳張仲景，又和他交談了一番，最後說：「孩子啊，你將來必成良醫，好好努力吧。」據說從此以後，父親才不再反對他想要學醫的念頭，覺得既是命中注定，也就沒有什麼好再反對的了。

扁鵲反對巫術治病，擅長各科，總是遍遊各地行醫，有豐富的醫療實踐經驗。張仲景所生活的年代，巫術同樣非常盛行（其實就是到了現代，仍然還是有很多人會相信很多沒有科學根據的偏方），但是打從張仲景立定志向學醫開始，他就非常有科學精神，絕不只是死讀醫書，而是非常注重觀察，非常注重實證，也就是臨床經驗。更可貴的是，他一直保持著非常旺盛的求知欲，不斷的求教學習，他的幾位老師都是被他的誠意所感動，因此十分樂意傾囊相授；張仲景這種好學的精神，即使是在他已經頗有基礎之後依然沒有改變。比方說，在他的內科醫技已經頗負盛名之後，他聽說襄陽有一位姓王的醫生，對於治療某一種病症有絕招，人稱「王神仙」，馬上就背起行囊，不惜長途跋涉數百里前去拜師，「王神仙」本來對張仲景頗有疑慮，但是被他懇切的言詞以及恭敬的態度所感動，還是願意把自己的寶貴經驗統統都教給張仲景。就是由於如此好學，又很懂得如何分析消化眾家經驗和智慧，張仲景的醫術自然不斷精進。

有一次，他路過一戶人家，聽到裡頭鬧聲哄哄，有一個巫婆正在跳神，說有個婦人被鬼附身了，因此胡言亂語、大哭大鬧，還會發抖不止，看起來非常痛苦。張仲景馬上停下來主動為婦人義務診治，判斷婦人得的是「髒臊病」（類似今天說的「歇斯底里」），於是趕快用針灸治療，婦人立刻就清醒了很多，然後張仲景再為婦人開了幾帖藥，婦人果然很快就好了。

還有一次，張仲景偶然遇到「建安七子」之一的王粲，察言觀色，判斷王粲體內有「癘疾」（類似痲瘋病），便勸告王粲應該立即醫治，否則大

約二十年以後就會發病；關於如何發病，張仲景也描述得很具體，說先是會眉鬚髮脫落，再過半年就會有生命危險。說著說著，張仲景還好心的主動開了藥方，要王粲拿回去之後馬上煎服。結果，王粲也和當年的齊桓侯一樣，同樣是諱疾忌醫，也不把張仲景的提醒當一回事，過了幾天又碰到張仲景時還謊稱藥已經吃了，可是張仲景一語道破：「你的氣色明明沒有好轉，何必還要騙我呢？」二十年之後，王粲果然因癘疾而早逝，死的時候年僅四十一歲，相當可惜。

（張仲景簡直和他少年時期的偶像扁鵲一樣神了！）

東漢末年，軍閥混戰，加上連年災害，瘟疫肆虐，張仲景的家族本來有兩百多人口，結果在建安初十年之間，竟有三分之二的族人病死，而其中又有十分之七死於傷寒。這促使他對如何治療傷寒特別的鑽研。

有一句形容良醫的說法叫作「仁心仁術」，張仲景就是這樣，他有一顆仁心，絕不藏私，因此，他一邊精進醫術，一邊也把自己的臨床經驗寫成醫書，希望能夠濟世救人。他先後寫了《辨傷寒》十卷、《評疾藥方》一卷、《療婦人方》二卷、《五臟論》一卷、《口齒論》一卷、《傷寒雜病論》十六卷等等，光是從這些書名就可看出張仲景是一個全科型的醫生！可惜這些著作多已失傳，不過唯一傳世的《傷寒雜病論》至今仍被奉為中醫界的醫典。

第39個

東漢外戚宦官專政

漢光武帝建立東漢王朝，在他統治期間難得開創出中興的局面，後繼者明帝和章帝期間，中興的局面仍然能夠持續，但是從和帝開始（蔡倫就是向和帝獻上紙這個偉大的發明），外戚和宦官開始登上了政治的舞台，東漢就這樣逐步走下坡，過了一百三十年左右，東漢就滅亡了。

東漢第一位專權的外戚是竇憲。和帝繼位的時候，年僅十歲，由母親竇太后臨朝，竇太后依賴哥哥竇憲幫忙處理朝政，大權很快就落入竇憲的手中。等到和帝漸漸長大，對於這樣的情形當然十分不滿，希望能夠奪回政權，而在深宮中長大的和帝，最親近的人自然就是宦官，宦官鄭眾正好又掌握著禁軍的力量，於是，在鄭眾的協助下，和帝順利的奪回了政權，消滅了竇氏的政治力量。為了酬謝鄭眾，和帝封他為侯，開創了宦官封侯的先例，但是，或許是「請神容易送神難」，清除了外戚專政以後，朝政大權從此又落入了宦官之手。

從和帝開始，東漢的政局就淪入了這樣一種惡性循環之中。一開始，都是因為皇帝即位的時候年紀太小（除了和帝十歲即位之外，和帝下面的殤帝即位時僅僅四、五個月，但是未滿周歲就死了，殤帝之後的安帝是十三歲即位，安帝之後的順帝是十一歲即位，順帝之後的沖帝即位時年僅兩歲……），由於皇帝年紀太小，沒有辦法自己處理朝政，太后臨朝自然都很依賴自己的父兄，這就給了外戚專政很好的機會，等到小皇帝長大，往往又

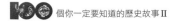

會依靠身邊的宦官來消滅外戚，可是接下來幾乎不可避免的又會形成宦官專政。有的時候則是外戚和宦官共同掌權，總之，政治是難得清明了。在安帝時期，為官清正的太尉楊震，就是因為不肯與外戚和宦官同流合汙，最後竟然被逼自殺。

朝廷內部長期這樣的政治鬥爭，朝政自然日益敗壞，社會問題也就愈來愈尖銳，愈來愈突出，到最後宦官集團在把持了朝政以後，甚至演變成謀取私利（譬如公開賣官），還陷害忠良，先後製造了兩次「黨錮之禍」，「錮」在這裡是「禁閉」的意思；「黨錮之禍」的意思就是反對宦官的官僚士大夫和太學生（在太學中就學的學生，後世稱為「監生」），受到了嚴厲的懲罰，本人以及親屬乃至門生都因此遭禍，或者被流放，或者遭到禁錮，終身不得做官。

東漢末期，由於官吏的任免權被宦官緊緊的抓在手裡，正直的官僚士大夫在朝中不斷遭受排擠和打壓，而太學生們感到如果不願去向宦官買官，根本就仕途無望，當然也很憤慨，於是這些官僚士大夫和太學生就慢慢的聯合起來，形成一股反對宦官集團的社會政治力量，他們經常在一起抨擊時弊，品評人物，被稱為「清議」，造成了一定的社會影響，也一度為整個社會都帶來了希望。

在「黨錮之禍」發生之前，官僚士大夫和太學生曾經取得過兩次重大的勝利。

第一次發生在西元一五三年，宦官趙忠的父親去世，趙忠以超出常規的高規格來厚葬父親，為官向來剛正嚴明的朱穆接獲舉報，下令挖開趙忠父親的墳檢查，果然發現了玉匣、木偶等違規陪葬品，便下令逮捕趙忠的親屬，趙忠跑去向桓帝告狀，誣陷朱穆，導致朱穆下獄，太學生劉陶等人忿忿不平，聯名上書請願，桓帝在強大的輿論壓力之下，只得赦免了朱穆。

第二次是在九年以後（西元162年），宦官徐璜等人向皇甫規敲詐未遂，挾怨報復，跑到桓帝面前誣告皇甫規侵吞軍餉，結果，平定羌人叛亂有功的皇甫規竟然因此被罰要服苦役，太學生張鳳等人和一些正直的官員也是立即發動救援，聯名上書，終於使皇甫規獲得赦免。

在反對宦官的集團中，李膺和陳蕃是兩位領袖性的人物，結果他們正好也就成了兩次規模比較大的「黨錮之禍」的主要受害人。

第一次「黨錮之禍」發生在桓帝時期。有一個巫師名叫張成，跟宦官關係密切，不免經常能得到一些內幕消息，有一天，他得知朝廷即將頒布大赦令，居然故意唆使自己的兒子去殺人，好讓更多的人相信他那些所謂的神仙法術。不久，張成的兒子殺了人，也被河南尹李膺抓了起來，可是張成不但一點也不擔心，還洋洋得意的向別人透露：「沒關係的，反正馬上就要大赦了，等到大赦令一發布，他就會被放出來啦。」這個話傳到了李膺那裡，李膺非常憤怒，硬是不顧大赦令，把張成的兒子斬首示眾。

張成見兒子被殺，自然是恨透了李膺，便去找宦官商量該如何報復。剛好之前李膺也「得罪」過宦官，那是有一次一個叫作羊元群的貪官罷官回家，違規把官衙裡很多貴重的東西統統帶走，李膺上書請求懲治羊元群，羊元群買通了宦官誣陷李膺，但是沒有成功。現在，宦官得知李膺居然膽敢不顧大赦令，覺得這是一個可以來好好整整李膺的好機會，便叫張成給桓帝寫了一封誣告信，誣指李膺等人在太學裡結交來自各地的太學生，組織祕密黨派，誹謗朝廷，敗壞風俗，有謀反的嫌疑。

桓帝也真夠昏庸，接到這樣的告密信，也不先調查了解，弄清楚到底是事實還是誣告，竟然就立刻下令逮捕李膺等兩百多個黨人，把他們打入大牢，還下令懸賞追捕逃走的黨人。太尉陳蕃上書替李膺辯護，請桓帝停止抓人，結果也被免職。

不久，在審訊這個案子的時候，李膺慷慨激昂當眾痛陳宦官集團種種罪惡，爭取到輿論的支持，連桓帝竇皇后的父親竇武也站在李膺這一邊。不過，竇武支持李膺等人不全然是出於正義，可能更大的因素還是出於私心，因為他想乘機扳倒宦官集團，這樣自己就有掌權的機會。在岳父竇武求情、同時自己又不敢得罪宦官的情況之下，桓帝只好來了一個折衷的辦法，那就是一方面下令赦免李膺等兩百多個黨人，但也把他們驅逐回鄉，禁錮終身，永遠不准再做官。這就是第一次的「黨錮之禍」。

李膺等人雖然遭到驅逐和禁錮，但聲望反而更高。竇武也從中獲得了不錯的名聲，為自己累積了一定的政治資本。

在第一次「黨錮之禍」發生之後的第二年，桓帝去世，由於桓帝沒有兒子，竇皇后與父親竇武商量之後，便把桓帝的姪子、年僅十二歲的劉宏迎來，立為皇帝，這就是靈帝。緊接著，竇武被封為大將軍，陳蕃被拜為太傅。兩人一掌權，立刻下令解除對李膺等人的禁錮令，並且還把李膺等人請回來做官。

李膺一回到朝廷，宦官集團的人一看到死對頭回來了，都很緊張，不久，又探聽到竇武、李膺、陳蕃等人正在商議要徹底誅殺宦官，便決定乾脆先下手為強。於是，宦官曹節、王甫發動了宮廷政變，挾持了竇太后和靈帝，迫使靈帝下令逮捕竇武等人。竇武等人當然不甘心就範，竇武利用大將軍的職權，火速發動駐守在京城的北軍起兵討伐宦官，宦官集團則指揮負責防衛宮廷的虎賁軍和羽林軍來對抗。

竇武、陳蕃等人其實都是一介書生，根本不擅長打仗，所以，這場武裝衝突很快就分出了勝負，虎賁軍和羽林軍打敗了北軍，竇武兵敗自殺，陳蕃則是被宦官殺害。

宦官集團獲勝之後，奏請靈帝逮捕了一百多人，李膺也因此再度入獄，

這一次他沒能再出來，下獄之後沒有幾天就和其他所有黨人統統都被宦官集團偷偷的殺害了。除此之外，宦官集團還在全國各地大肆搜捕和殺害黨人，在很短的時間之內，被殺、被流放、被監禁的黨人就有六七百人。接著，一千多個太學生也都被關押起來。所有黨人和他們的父子、兄弟、學生，凡是有當著官的，一律免職，驅逐回鄉，而且永遠不准再做官。這就是第二次「黨錮之禍」。

兩次黨錮之禍，象徵著東漢王朝氣數已盡。

第40個
黃巾之亂

東漢末年，由於外戚和宦官不斷的爭權奪利，吏治敗壞，造成了社會不安定，老百姓的生活普遍都很痛苦。從漢和帝開始又天災不斷，全國各地都陸續在鬧水災、旱災、蝗災等等，百姓的日子更是過不下去了，只好紛紛離開家鄉，四處流竄，過著餐風露宿的悲慘生活，形成一群一群為數眾多以乞討為生的流民。當時，就連首都洛陽的街頭都經常可以看到因為挨餓受凍而死的流民屍體。

從漢安帝在位的時候，已經有一些小規模的衝突事件發生，幾十年後到了靈帝在位，終於爆發了規模龐大的起義。這是中國歷史上第一次有組織、有準備而且還是全國性的百姓起義運動，由於起義軍人人都以頭戴黃巾為標誌，所以史稱「黃巾之亂」。

黃巾起義的領導人叫作張角。他本是太平道的首領，太平道是道教的一派，在民間廣泛流傳。張角自稱「大賢良師」，他懂一點醫術，常常免費為農民治病，等農民病好了，他就勸農民加入太平道。許多貧苦農民在生活無依、前途茫茫的情況之下，遂把張角當成了救星，這麼一來，信奉太平道的人就愈來愈多，十幾年之間，在青、徐、幽、冀等八州（今山東、河北、河南、湖北、湖南、江西、安徽、江蘇一帶），太平道的信徒竟發展到了幾十萬人。

張角把為數龐大的信徒按地域組織起來，分成三十六方，大方一萬多人，小方六、七千人，每一方都指派一名徒弟去領導，稱為「渠帥」，而三十六個渠帥又通通只聽張角一個人的指揮。

張角還制訂了「蒼天已死，黃天當立，歲在甲子，天下大吉」這十六個字的起義口號。「蒼天」是指東漢，「黃天」指他們所要建立的天下，「甲子」是年號，就是靈帝中平元年（西元184年）。張角讓徒弟們把這十六個字的起義口號在信徒間大力傳播，並跟大家約定好將在甲子這一年的三月五日這一天，八個州同時起義。

此外，張角還叫徒弟在首都洛陽地方州郡官府的門上，用白土寫上「甲子」兩個字，表示這些官府衙門不久就要改變主人，以此來鼓舞廣大的信徒。

在張角的眾多徒弟中，馬元義是其中相當受到張角所倚重的一個。張角經常叫馬元義去首都洛陽聯繫其他信徒，還叫他把荊州和揚州兩地幾萬信徒

統統集中調到鄴城（今河南省安陽市北），打算作為起義時候的主力，帶領洛陽附近各州郡的起義軍一起攻進洛陽。

就在預定起義的前一個月，濟南起義軍中出了一個叛徒，居然跑去向官府告密，結果，馬元義在猝不及防的情況之下遭到逮捕，當眾被處死，另外還有一千多人也都受到牽連和殺害，洛陽街頭都被鮮血給染紅了。當然，朝廷也下令要搜捕張角，張角在得到消息之後，派人連夜趕到各州去通知信徒，要提前起義！

於是，甲子二月，一共七州二十八郡三十幾萬人同時起事，由於個個都是用黃巾裹著頭部，被朝廷稱為「黃巾賊」，又因人數眾多，所以也被稱為「蟻賊」（放眼望去像一群群黃顏色小螞蟻的意思）。

張角是巨鹿（今河北省平鄉線西南）人，起義當天，巨鹿飄起了三面大旗，上面所寫的稱號分別代表著張角和他的兩個弟弟——「天公將軍（張角）」、「地公將軍（張寶）」、「人公將軍（張梁）」。

黃巾軍一支集中在黃河，另一支在南陽等地，等於是從南北兩個方向威脅著洛陽。他們所到之處，攻占城邑，焚燒官府，趕走官吏，沒收地主家的財物救濟貧民，短短十幾天的工夫就打亂了整個社會秩序，還帶動了更多反抗朝廷的人群（譬如同屬道教的「五斗米教」）也站出來一起起事。

朝廷趕緊先派出重兵守住洛陽以及附近的關口，又派皇甫嵩為左中郎將、朱雋為右中郎將，率領四萬多精兵鎮壓「黃巾賊」。雙方一交戰，由波

才統領的黃巾軍打敗了皇甫嵩領軍的官兵，還把皇甫嵩圍困在長社（今河南省長葛縣東），舉朝大驚。

在戰場上，官兵看到黃巾賊一個個都像不要命似的神勇，都非常害怕，但是，皇甫嵩儘管被圍，卻還是相當鎮定。他告訴手下：「不要怕，打仗主要是要靠計謀，不是只靠人數多寡，何況這幫亂民作戰經驗不足，絕不會是我們的對手！」

由於黃巾軍絕大多數都是農民，很習慣的結草為營，因此，皇甫嵩立刻擬定了一個反攻計畫——不妨乘著月黑風高的夜晚，出其不意的去偷營，放火燒他們的營寨！

波才在夢中驚醒，趕快慌慌張張的整頓隊伍，奮勇殺敵，但為時已晚，官兵已經從四面八方包圍了他們。附近的黃巾軍聞訊趕來救援，也被打敗。波才沒有辦法，只得先狼狽退到陽翟。

這時，從北方傳來戰報，在北邊和黃巾軍交鋒的官兵吃了敗仗，於是，皇甫嵩又立刻率軍北上。

北方的黃巾軍由張角、張梁兄弟親自統領。官兵和黃巾軍在廣宗（今河北省威縣東）這個地方大戰。張梁非常英勇，率領著黃巾軍不斷衝殺，如入無人之境，皇甫嵩很快就招架不住，只好先緊閉營門，拒不出戰。

就在戰情十分緊張的時候，張角突然病死了，張梁忙著料理哥哥的後事，不知不覺放鬆了戒備，這給了皇甫嵩一個扭轉戰局的大好機會。在一個清晨，皇甫嵩又是突然展開奇襲，結果一舉打破了黃巾軍的大營。張梁率軍奮勇抵抗，直到和三萬多名黃巾軍一起戰死，剩下的五萬多人則在撤退的時候被逼投河自殺。皇甫嵩心狠手辣，居然劈開了張角的棺材，砍下他的腦袋，送到京城裡去請功。

現在，張家三兄弟只剩下一個張寶，勢單力孤。皇甫嵩率軍乘勝追擊，

很快便也消滅了張寶。

總結黃巾軍的失敗，關鍵其實正如皇甫嵩所分析的那樣，就是缺乏作戰經驗，所以總是沒有辦法進行全盤規畫，各地黃巾軍總是非常吃力的孤軍作戰，嚴重欠缺合理有效的相互配合，以至於給了官兵各個擊破的機會。

黃巾之亂雖然前後為時僅僅九個月便以失敗告終，但是卻動搖了東漢王朝的根本，也瓦解了外戚宦官的黑暗統治，站在歷史的角度來看，仍然是相當有意義的。

第41個

董卓的故事

西元一八九年，三十四歲的靈帝因病去世，結束了短暫的一生。十七歲的太子劉辨即位，史稱少帝。少帝的舅舅何進是大將軍，也就是說，這個時候朝政大權是掌握在外戚的手上，何進和袁紹密謀誅殺宦官，想要徹底剷除宦官勢力，但是何進無能，便召董卓入京相助，結果等於是引狼入室。

董卓是隴西郡臨洮縣（今甘肅岷縣）人。出生於一個武官家庭。董卓生

來力大體壯，性格粗獷豪邁，而且他不是那種「四肢發達，頭腦簡單」的人，相反的他是一個頗有謀略的人。董卓在青年時期遊歷羌中，精通羌胡風土人情，也被羌胡人視為豪俠好漢。後來，董卓成了大軍閥，以羌胡人為主體的涼州兵就是他的基本班底。

董卓在二十歲左右從軍，一路累積了不少經驗和實力。「黃巾之亂」爆發的時候，董卓被起用為東中郎將，與北中郎將盧植一起大戰河北和山東兩地的「黃巾賊」，但因兵敗遭到免官。翌年，或許是朝廷用人孔急，董卓又被起用，董卓從此便擁兵自重，不聽朝廷號令。西元一八九年，「黃巾之亂」已被平息，靈帝徵董卓為少府，要他交出兵權，董卓悍然拒絕，而靈帝竟然也拿他沒有辦法，只好改派他為並州刺史，想至少把他調離關中，但董卓的態度仍然非常強硬，還是拒不交出涼州兵，只是以「前將軍」的頭銜擁眾駐河東觀變。靈帝無奈之餘，再一次妥協，竟同意讓董卓成為河東太守，等於是讓他就地合法。

這個時候，董卓將近六十歲，是東漢第一個恃眾抗命的大軍閥。他已經敏銳嗅出一種有機可乘的氛圍，虎視眈眈的正等待時機；何進請他入京相助，對董卓來說不啻就是一個千載難逢大好的機會。

其實，在董卓引兵進入京城洛陽之前，京城的局勢已經丕變，大將軍何進已被宦官殺死，緊接著宦官又被袁紹所殺，照說局勢既已獲得控制，朝廷已經沒有再援引武裝力量入京的必要，但是當少帝派人想要阻止董卓入京的時候，董卓竟然義正辭嚴的說：「諸公大人不能匡正王室，致使國家傾危，還有什麼資格來阻止我進京！」

董卓入京的時候，步騎不過三千，當時京師官兵數量還是相當多的，又人才濟濟，比方說，曹操是八校尉之一，何進舊部為後將軍袁術所控制，執金吾（相當於現在的衛戍司令一職）丁原的手下有一個名叫呂布的猛將等

等，這些力量加起來至少是董卓的十倍，但是董卓很快就看出大家各有各的算盤、各有各的打算，不可能同心協力，所以他覺得也就沒有什麼好怕的。同時，他在大模大樣的入京之後，還使了一記煙幕彈——每隔四、五天，就把一大堆部眾乘黑拉出軍營，等到天亮的時候再大張旗鼓熱熱鬧鬧的回來，製造一種「援軍不斷入京」的假象，這一招還真把大家都給唬住了，連曹操、袁紹、袁術那樣的英雄豪傑都沒能識破董卓的詭計，因而紛紛逃出京師。不久，董卓又收買呂布，認呂布為義子，並叫呂布殺死丁原，再接收丁原部眾，董卓的勢力因此大盛。

董卓入京之後，第一件事便是廢了少帝，改立少帝的弟弟陳留王劉協，史稱獻帝。獻帝當時只有九歲，完全是董卓的傀儡。緊接著，他進行一系列人事安排，營造一個對於保障自己利益絕對有利的局面（譬如徵召關中潛在的政敵皇甫嵩來洛陽做城門校尉，逼皇甫嵩交出兵權；招撫涼州的馬騰、韓遂，把自己關西的根本更加鞏固等等）。然後，他則自為太尉，統掌兵權，後來又自為相國，入朝時可以帶劍穿鞋上殿，朝見皇帝也可以大搖大擺。

到這個時候，東漢王朝其實已經名存實亡。西元一九〇年，袁紹率領關東聯軍討伐董卓，揭開了東漢末年軍閥混戰的序幕。

關東諸侯一起兵，董卓就挾持著獻帝，從洛陽遷都到長安。

之前在洛陽的時候，董卓就放任士兵胡作非為，國家法紀全遭踐踏。董卓十分貪婪，在搜刮金銀財寶的時候，連皇家陵墓都不放過；挾帝西遷以

後，更是變本加厲的肆意破壞諸帝寢陵及公卿塚墓，拚命把所有的珍寶都占為己有。董卓簡直是中國歷史上最大、最囂張、也最猖狂的一個盜墓賊！

董卓把洛陽及其周圍兩百里內幾百萬居民通通驅趕入關中，將房屋焚燒，雞犬殺盡。被驅趕的老百姓，沿途缺糧，還要橫遭野蠻的涼州兵的踐踏和搶掠，不知道死了多少人，到處都堆著屍體。洛陽本來是東漢兩百年來政治、經濟和文化的中心，沒一會兒工夫就被董卓折騰成了廢墟。

接著，董卓又把關中也弄得殘破不堪。他在距離長安兩百多里的地方，建築了一個城堡，稱作「萬歲塢」，「塢」是「小城堡」的意思；這個專屬於董卓的小城堡，高厚七丈，與長安城的規模相當，董卓在裡頭囤積了三十年的軍糧、兩三萬斤的黃金、八九萬斤的銀，綾羅綢緞更是堆積如山。董卓聲稱：「事成，雄踞天下；不成，守此足以畢老。」意思就是說，如果大事成了，天下就是我的，就算不成，我也可以在這裡安安穩穩的養老！可以說在他的眼裡只有自己的享受，完全不顧百姓的死活。

為了滿足自己無底洞般的貪欲，董卓還椎破了在秦時（也就是四百多年前）所鑄的鐘和銅人，毀壞漢朝所通用的五銖錢，然後鑄小錢，如此胡搞一氣，造成物價飛漲，一斗穀居然要賣到幾十萬！百姓平白無故又遭受到嚴重的損失。

人人都對董卓恨之入骨，都想除掉他。司徒王允認為，想除掉董卓必須先從呂布下功夫，便刻意拉攏呂布，經常請呂布喝酒聊天，時間久了，呂布不免也會跟王允發發牢騷。

呂布說，雖然他和董卓以父子相稱，但是董卓的脾氣太過火爆，實在令他很受不了，有一次，自己只不過是出言頂撞了一下，董卓竟然抓起身邊的戟就朝自己扔了過來，幸好自己眼明手快，及時側身一閃，才沒有受傷。後來，呂布雖然向董卓賠禮道歉，董卓也表示既往不咎，義父義子算是和好如

初，但是當呂布在向王允抱怨這件事的時候，心裡其實還是相當不滿。

王允看出呂布和董卓之間早有嫌隙，更加刻意向呂布示好，並且使出「美人計」，故意說要把一個美麗的歌妓貂蟬送給呂布，再火速轉送給董卓，並且讓呂布誤以為是董卓強占了貂蟬，至此呂布更是把董卓恨得牙癢癢的。王允見時機成熟，便要求呂布一起除掉董卓這個國賊！

一開始，呂布還猶豫道：「我好歹是他的乾兒子，兒子怎麼能殺父親呢？」

王允就說：「將軍你真糊塗，你姓呂，他姓董，本來就不是骨肉至親，你別忘了，那次他朝你扔戟的時候，還有一點父子的情分嗎？」

呂布聽了，終於同意了要誅殺董卓的計畫。

後來，董卓果然就是死於呂布之手。

董卓死後，長安城所有的士兵和百姓都大聲歡呼，大肆慶祝。董卓則被暴屍街頭。由於董卓生前非常肥胖，看守他屍體的士兵用草繩盤結在董卓屍體的肚臍上，然後點燃（就是把董卓的屍體當成一個大蠟燭似的），居然還燃燒了一天一夜（可見他的脂肪有多厚），才燒成一堆灰燼。

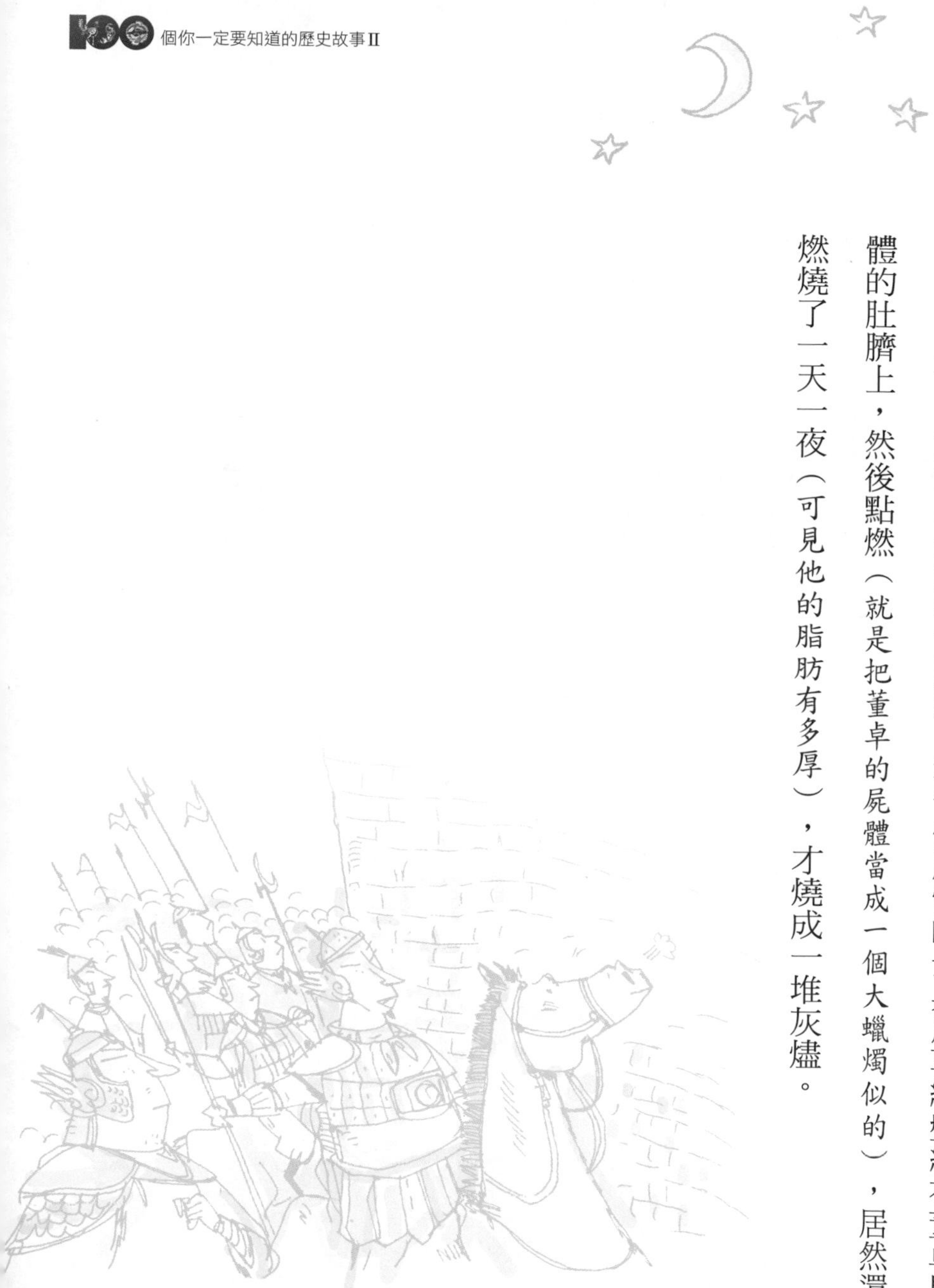

第42個

三國鼎立

東漢末年，軍閥混戰開始以後，在軍閥割據勢力中比較強大的有黃河以北的袁紹、黃河以南的曹操、長江中下游的孫策等等。

曹操出身於宦官家族，在鎮壓「黃巾之亂」的過程中，建立起自己的勢力，不斷的拉攏地方豪強。之前在關東諸侯還沒有聯軍聲討董卓的時候，他曾經試圖刺殺董卓，但是因為董卓防範極為嚴密，無法下手。在董卓死後過了四年（西元196年），他把獻帝迎到許昌（今河南省許昌市），挾天子以

令諸侯，取得了優勢，又囤田積穀，準備成就一番大業。

西元二〇〇年，袁紹率領十萬大軍南下進攻曹操，雙方在黃河邊的官渡（位於許昌之北，黃河之南，離許昌不到兩百里）遭遇。曹操的軍隊只有兩萬多人，兩軍在僵持了半年之後，最後結果，曹操竟然大敗袁紹以這樣令人意外的結局告終。「官渡之戰」成了歷史上著名的以少勝多的一場戰役。

曹操取勝的祕訣在哪裡呢？首先應該是曹操的謀略，其次是他的情報工作做得出色。原來，曹操派人打探出袁紹大軍的囤糧地點，然後再派出精兵夜襲，把袁紹的囤糧全部燒毀，這等於是把袁軍的大後方給燒了，弄得袁軍上上下下人心惶惶，曹操再率軍發動全面攻擊，把袁紹打得落花流水，最後只得狼狽不堪的帶著八百騎兵倉皇北逃。

「官渡之戰」奠定了曹操統一北方的基礎。後來，曹操又北征烏桓，西元二〇七年，逐步統一了北方（呂布則是早在西元198年就已被曹操所

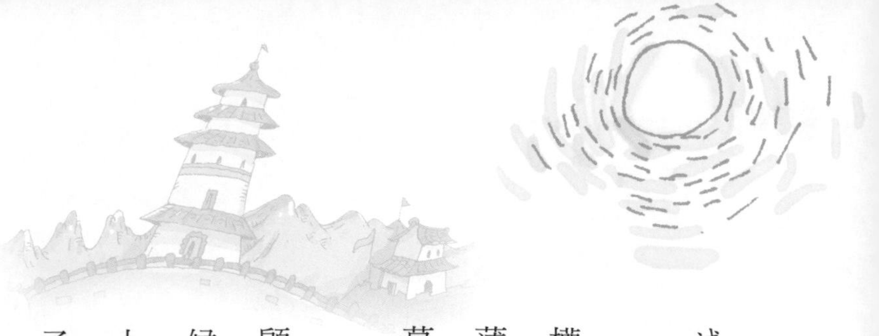

滅）。

當曹操與袁紹在進行激烈的兼併戰爭時，南方也不平靜。年方十九的孫權繼承了孫策的基業。劉備則投奔荊州的劉表，囤兵新野。雖然劉備兵力單薄，地盤也不穩固，但還是有很多的英雄豪傑圍繞在他的身邊，譬如謀士諸葛亮，猛將關羽、張飛和趙雲（就是趙子龍）等等。

西元二〇八年七月，就在曹操統一了北方的第二年，曹操躊躇滿志，不顧謀士程昱、賈詡的勸阻，想要乘年輕的孫權還未能在江東樹立威望的時候，率領三十萬大軍南下攻打荊州。在南下之前，曹操無論是在政治或軍事上都做了充分的準備。比方說，他罷了三公官，置丞相、御史大夫，並自領丞相；鎮壓了擁漢派的世族領袖孔融（就是小時候把大的梨子禮讓給哥哥的那一位）；徵調關西馬騰入侍，拜尉衛；甚至還在鄴城（今河北邯鄲臨漳一帶）開了人工湖來訓練水師，然而後來事實證明，曹操因為急著要平定江南而揮軍南下實在是一項失策。

一開始，曹操的大軍勢如破竹。當時，占據荊州的劉表已死，他的兒子劉琮一看到曹操的大軍從北方殺過來，大概一下子就嚇破了膽，竟然不戰而降，而原本投靠劉表的劉備也就不得不率領部下匆匆退守夏口。曹操順江東而下追擊劉備，直逼夏口，嚴重威脅到劉備的安全。於是，劉備派諸葛亮趕去江東，想聯合孫權共同抵抗曹操。

在面對強敵曹操的威脅下，孫權採納了周瑜和魯肅的主張，決定接受劉備的建議，聯劉抗曹。緊接著，周瑜率孫劉聯軍與曹軍在赤壁會戰。其實，「孫劉聯軍」連五萬都不到，在數量上與曹軍簡直沒辦法比，但是這場戰役的最終結果竟是孫劉聯軍獲勝，因此「赤壁之戰」在歷史上是出了名的以弱勝強的戰役。

為什麼人數少那麼多的孫劉聯軍竟然能夠獲勝？大致有以下幾個重要的

原因：一，曹軍遠道而來，行軍疲憊，再加上水土不服，疾病流行，士兵們普遍的身體狀況都不是太好；二，曹軍來自北方，不大習慣水戰；三，這一年已五十三歲的曹操，被南下一開始的勝利沖昏了頭，以至於驕傲輕敵，輕信了周瑜部下黃蓋的詐降（有一句俗語，「周瑜打黃蓋——一個願打，一個願挨。」就是從這段歷史來的；黃蓋之所以會願意乖乖挨周瑜的打，就是因為這場戲是假的，是純心演給曹操看的）。

那天，黃蓋帶領著十艘大船，船上都插著牙形青龍旗（這是和曹操約定好投降的標誌），向曹軍的水寨駛去。其實這十艘大船都裝滿了枯柴乾草，上面甚至還都澆上了油，然後再用帷幕蓋上小心掩飾。此外，每一艘大船的後面都還拴上靈活的小船。就這樣，這支預備要向曹操投降的隊伍，在行駛到距離曹軍水寨只有兩里的地方，黃蓋命令大船上的士兵放火燒船，大家再紛紛躍上小船及時退走。當時正颳起了東南風，大船上的大火一發不可收拾，不一會兒十艘著火的大船衝向曹軍水寨之後，猛烈的火勢就這麼迅速蔓延開來，很快的就延燒到了江岸上的曹軍大營。於此同時，孫劉聯軍集中了精銳水軍乘勢猛攻，曹軍全線崩潰。

說來也真諷刺，在「官渡之戰」中，曹操是以「火功」取勝，以寡擊眾；事隔八年，曹操卻是眾不敵寡，同樣敗在對手的「火功」。

「赤壁之戰」過後，曹操眼看統一無望，被迫退回中原，形成了南北對峙的局面。

曹操北歸以後，向關中和隴西發展勢力，把統一的範圍擴及整個北方。劉備占據荊州的部分地區，並以它為根據地向西進兵取得益州。孫權則繼續鞏固在江東的統治，並向嶺南地區擴張。

西元二二〇年，曹丕廢漢獻帝，自立為帝，在北方建立魏國；西元二二一年，劉備在成都稱帝，在四川建立蜀國；西元二二九年，孫權又在江

東建立吳國，至此三國鼎立的局面完全形成。

在三國鼎立時期，雖然戰爭仍然不斷，但是三國為了鞏固和發展自己的勢力，各自圖強，社會其實是比較安定的，經濟也得到了一定的發展，與少數民族的關係也獲得了很好的加強。

特別是因為孫權很重視文人學士，吳國的教育很發達，大大推動了江南文化的進步。在中國歷史上，長江中下游的經濟文化發展，孫吳政權的開發可以說產生了承先啟後的作用。在孫吳之後，又有東晉、宋、齊、梁、陳都是在江南立國，等於說是前後長達三個多世紀江南都有一個中央集權的政治中心，積極帶動了江南的開發，為以後的隋唐經濟發展奠定了良好的基礎。

第43個

諸葛亮的故事

一個能成大業的人，總是懂得如何知人善用，就是說一方面要有識人之明，看得出誰是人才、誰又只是庸才，其次，不管是人才或庸才都要懂得把他們放在最適當的位置，才能讓他們充分發揮，否則，就算本來是人才，如果被放錯位置，他也只能表現得像一個庸才。

三國時代，曹操、孫權和劉備都能夠知人善用，所以他們都成了一世豪傑，三分天下，而三國時代也是一個英雄浮沉、「群星燦爛」的時代，我們沒有辦法一一介紹，就介紹一文一武兩個代表性的人物吧。這一篇我們先介紹「文」的代表，那當然就是諸葛亮。

諸葛亮，字孔明，人稱「臥龍」，東漢末年徐州琅邪郡陽都縣（今山東沂南縣）人。生於漢靈帝光和四年（西元181年）。在他四歲那年（西元184年），爆發了「黃巾之亂」。

在他十歲那年（西元190年），關東諸侯起兵討伐董卓，天下分裂，從此戰亂不休。這時，諸葛亮又失去了雙親，和手足一起跟隨叔父諸葛玄生活。西元一九五年，割據淮南的軍閥袁術請諸葛玄去做豫章（今江西南昌市）太守，不料到任不久就被東漢朝廷從長安派來的另一個太守趕下台，這個來自長安的太守是由涼州軍閥所支持的。諸葛玄沒有辦法，丟官之後只好南下到荊州襄陽依附劉表。諸葛亮在家排行第二，上面有一個哥哥諸葛謹和兩個姊姊，下面還有一個弟弟諸葛均。叔父諸葛玄在南下之前，叫諸葛謹在家看守（後來諸葛謹在西元200年也南下渡江投靠孫權，做了東吳大臣），諸葛亮和弟弟還有兩個姊姊都隨著叔父一起來到荊州。這年，諸葛亮十五歲。

兩年以後，諸葛玄病死了，十七歲的諸葛亮便一肩挑起全家的生活重擔。他覺得劉表不是一個人物，無心為劉表賣命，便隱居在襄陽城西二十里的隆中山裡。

不過，雖然是隱居，諸葛亮還是相當關心天下大事，密切注意時局的發展和變化，和一些江南名士也還是有些聯繫，因此，「諸葛亮是一個不可多得的人才」這樣的風評還是漸漸傳了出去。西元二〇七年，當劉備慕名前來拜訪諸葛亮，並且三顧茅廬的時候，二十七歲的諸葛亮已經隱居十年了（這

個時候劉備四十八歲）。

這一年，曹操剛剛統一了北方，許多原本流落在南方的北方人都已紛紛北返，但是諸葛亮早就下定決心絕不效忠曹操；或許是童年時親身經歷過曹操討伐徐州時的暴虐，更或許是因為他所受的儒家教育讓他必須是忠於漢室。在這種情況之下，具有漢室血統的劉備就成了他願意效忠的對象，更何況劉備還表現得這麼的有誠意！

在此之前，劉備已先後依附過公孫瓚、陶謙、曹操、袁紹和劉表，已經轉戰二十多年，但是仍然沒有立足之地。當諸葛亮被他的誠意所感，為他分析了天下形勢，並為他規畫了未來努力的方向時，劉備很快就被諸葛亮這個

年輕人精闢的分析所傾倒和佩服。

諸葛亮認為，要統一天下，應該先走「鼎足三分、聯孫抗曹」這條路。這就是有名的「隆中對策」，是諸葛亮為劉備所提出的一條政治和軍事路線，也是諸葛亮一生的行動綱領。後來事實證明，「隆中對策」所提出的方向，對劉備而言真是無比的正確。

就在諸葛亮被劉備請出山之後的第二年，曹操大舉南下，敗劉備於長坂，諸葛亮在形勢極為不利的情況之下，出使江東。這是一項多麼艱鉅的任務。因為，當時曹操聲威遠播，整個江東都為之震動，在孫權的營中出現了一片主和的呼聲，就在曹操向孫權下了戰書以後，孫權在戰與不戰之間頗為猶豫。就在這個時候，諸葛亮來了。

名義上，諸葛亮此行是想與東吳訂立同盟，一起抵抗強敵曹操，但實際上是想藉江東之兵對抗曹操，然後為劉備爭取荊州。因為，這個時候劉備已

經被曹操打得有如喪家之犬，如果劉備沒有荊州，就不可能實現三分天下的目標。

諸葛亮此行不僅任務艱鉅，同時也是冒著很大的個人安危的風險。想想看，在當時那樣一個瞬息萬變的情況下，如果孫權決定投降曹操，諸葛亮勢必就會淪為俘虜，搞不好還會有生命危險。但是諸葛亮卻圓滿的達成了使命。

他是怎麼辦到的呢？當然主要還是靠著精闢的形勢分析。他首先強調，曹操此番南下，來勢洶洶，主要是衝著孫權來的，此刻對東吳未來的命運是一個非常重要的關鍵時刻；其次，是抬高劉備的分量，說劉備是「王室之冑」，「冑」，就是「後裔」的意思，還說劉備「英才蓋世，眾士慕仰」，接著再分析目前的局勢，認為曹軍的人數雖然很多，但是大老遠的跑來這裡要打仗，士兵們早就累得人仰馬翻，再加上還有水土不服等問題，總之，曹軍未必真的有那麼可怕，再說劉備現在至少還有精兵兩萬，更有關公、張飛、趙雲等名將，還是一支不可輕視的力量，如果現在雙方能一起合力打敗曹操，曹操勢必北還，如此則能形成鼎足之勢，對大家後續的發展都會非常有利。

看看諸葛亮與孫權的談判，儘管實際上在這個時候孫權的力量要比劉備大很多，但是諸葛亮卻不卑不亢，完全是站在平等互惠的原則上，與東吳訂立了對劉備而言是非常有利的協議；孫權不但同意發兵拒曹，並且還允諾在戰後要將荊州借給劉備。

後來，在「赤壁之戰」過後，孫權果然履行諾言將荊州借給劉備。想想諸葛亮能夠在劉備已經一敗塗地的情況之下，為劉備爭取到那麼好的條件，讓劉備有機會站起來，還一度三分天下，與曹操、孫權平起平坐，諸葛亮實在是一個非常出色的外交家！

在羅貫中的《三國演義》中，把諸葛亮這種足智多謀的形象大加渲染，甚至把別人的智謀也都套在諸葛亮的頭上。有一個最有名的例子就是「草船借箭」。按歷史記載，這個故事的主角本來是孫權，不是諸葛亮。那是在西元二一三年，曹操率四十萬大軍攻濡須口（今安徽無為縣），孫權親率水軍對陣，並親自乘坐小船偵察曹軍營寨，被發現了，曹操下令弓箭手放箭，大量的箭瞬間射中船身，導致小船一邊偏重，好像馬上就要翻覆，孫權趕緊下令掉轉船身，讓另一面也受箭，以此來保持船隻平衡，並且迅速逃離。後來，《三國演義》中〈草船借箭〉的故事就是從這裡演義而來。

長久以來，民間喜愛諸葛亮，主要還是在於他的氣節。他在〈前出師表〉中自述：「臣本布衣，躬耕於南陽，苟全性命於亂世，不求聞達於諸

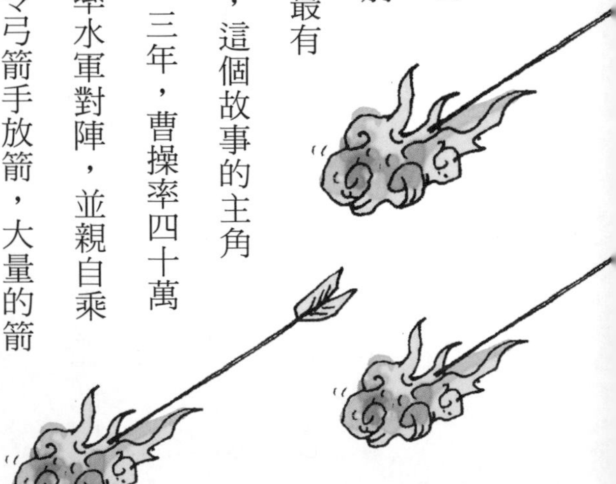

侯。」他在《誡子書》中又說：「非淡泊無以明志，非寧靜無以致遠。」

諸葛亮的氣節是相當高尚的。特別是他在二十七歲走出隆中，五十四歲病逝五丈原，半生操勞，「鞠躬盡瘁，死而後已」的精神，更是令人感佩。

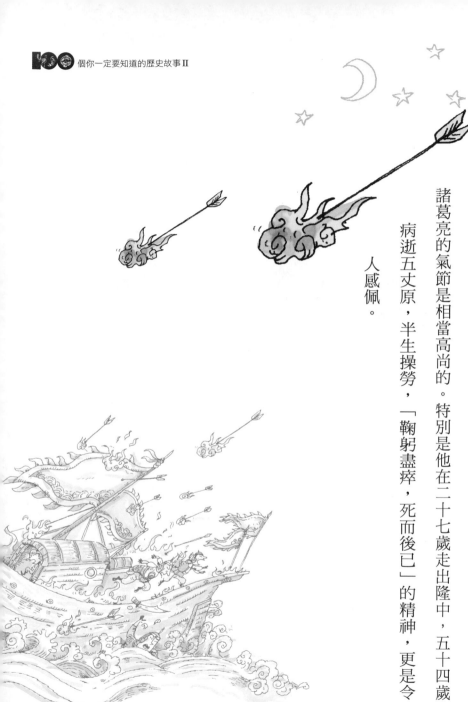

第44個

關羽的故事

關羽，也就是民間俗稱的「關公」，字雲長，東漢末年河東解縣（今山西臨猗縣西南）人。他出生於西元一六一年，比劉備小一歲，所以在「桃園三結義」時，他是老二，張飛則是老三。

關羽所持的武器很特別，是一把大刀，刀形如一彎明月，刀上有青龍圖案，所以叫作「青龍偃月刀」。張飛的武器也很特別，是一支長矛，足足有一丈八尺那麼長，叫作「丈八蛇矛」，很可能是因為每當張飛舞動這支超級

長矛的時候，它看起來就像一條吐著信的毒蛇，十分駭人。

當劉備起兵參與鎮壓「黃巾賊」的時候，以關羽為別部司馬。建安五年（西元200年），曹操擊破劉備時，關羽被擒，但是曹操對關羽十分禮遇，還拜他為偏將軍。關羽一方面對於曹操如此看重自己相當領情，但是另一方面他也還是不願背棄劉備。於是，他先答謝曹操的厚愛——在萬軍之中，以一種「萬夫莫敵」的姿態，非常勇敢的策馬刺殺了袁紹的大將顏良，解除了袁紹軍對白馬的包圍。但是儘管隨即就因軍功被封為漢壽亭侯，關羽並不為這些榮華富貴所惑，還是悄悄的留書出走，回到劉備身邊。

民間到處建起「關帝廟」，是在明朝萬曆年間以後的事；在民間信仰中，關羽甚至和孔子一起並列為文武兩尊偶像。其實，細數三國時代的英雄人物，關羽並不算是最出色的一位，但是他之所以能從一個「人」變成了「神」，在民間享有這麼高的地位，主要就是基於他性格中這種「義」的特

點。這個特點同時受到統治階層和百姓的喜愛與推崇；統治者希望百姓能夠像關羽對待劉備那樣的忠心耿耿，而百姓們也覺得如此重情重義的性格確實是很有魅力。再加上書籍的渲染，關羽還有很多令人印象深刻、掩卷難忘的英雄形象，譬如當他被毒箭射傷，醫生為他刮骨去毒，他居然能夠（在沒有麻醉、意識清楚的情況之下）笑談自若，就是一個經典的例子。

但是，關羽除了義薄雲天，他的性格也非常剛直自傲，無怪乎不少史學家都認為關羽其實可以說是葬送蜀漢大業的罪人。

本來按照丞相諸葛亮的戰略構想，劉備如果能夠與東邊的孫權保持友好，北邊再頂住來自曹操的壓力，同時內部好好經營圖強，死保荊州這個極其重要的戰略根據地，霸業就有可能慢慢成功。偏偏關公不懂得「聯吳抗曹」的重要性，當孫權派使者來為自己的兒子向關羽的女兒求婚時，也不知道孫權的兒子在關公看來到底有多麼的糟糕，關羽不但不同意這門親事，竟然還辱罵使者，甚至說了很多萬萬不該說的氣話，說什麼等他帶兵攻下樊城以後就要消滅孫權，既無禮又張狂，令孫權十分氣憤。不久，曹操見有機可乘，便派人拉攏孫權，讓孫權襲擊關羽後方，造成關羽腹背受敵，敗走麥城，最後在突圍至章鄉（今當陽縣東北）的時候，遭到擒殺。

如果關羽沒有侮辱孫權，不但不會「大意失荊州」，自己也不會身首異處，更不會使得劉備意氣用事的為了要替關羽報仇，發兵想要報復孫權，結果反而一場糊塗，後來，張飛、劉備都陸續死去，蜀漢的頹勢也就一發不可收拾。這也是後世對諸葛亮的失敗總是寄予同情的原因。因為，在劉備死後，諸葛亮輔政，可是這個時候蜀漢已經丟了荊州，又兵敗夷陵，元氣大傷，「隆中對策」的戰略已經完全成了泡影，但是諸葛亮仍然辛辛苦苦的經營殘局，努力振作，又撐了好些年，實在是很不容易！

蜀後主景耀三年（西元260年），追諡關羽為「壯繆侯」，「諡」就是

在人死後，按照這個人生前的事蹟所加的一個稱號，所以，這個稱號往往也就是對一個人蓋棺論定式的評價；那麼，為什麼稱關羽為「壯繆」呢？按照〈謚法〉上所說，「勝敵志強」叫作「壯」，這個字說明、讚美了關羽的勇敢威猛，但是「名與實不合」叫作「繆」，這個「繆」字又批評了關羽的魯莽，就是由於關羽所犯的錯誤，給蜀漢造成了難以彌補的損失。

關羽自己大概也想不到，在他死了將近一千年以後，居然被宋徽宗封為「忠惠公」，然後又被加封為「義勇武安王」。這還只是剛剛開始。元文宗加封關羽為「顯靈義勇武安英濟王」，到了明朝萬曆年間，當局批准了一個道士的請求和建議，敕封關羽為「三界伏魔大帝神威遠震天尊關聖帝君」，從此很多地方就都可以看到關帝廟了。清朝對關羽的神化更加厲害，一直到現在，可以說世界各地只要有華人的地方都不難看到關帝廟。

第45個

三曹、建安七子和竹林七賢

東漢末年，在漢獻帝建安時代，文壇上人才輩出，一般公認最優秀的當屬「三曹」和「建安七子」。

所謂「三曹」，就是指曹操與他的兩個兒子——曹丕和曹植。

沒錯，曹操不僅是出色的政治家、軍事家，同時也是傑出的文學家，遺有〈魏武帝集〉，〈觀滄海〉等都是他的名篇。

曹丕和曹植是親兄弟，都遺傳到了父親的天賦，也都非常善於詩文，所以才會有「三曹」這樣的稱呼。不過，兄弟倆比較起來，似乎曹植的文采還是要更好一些。

曹植少年時期，就已經能寫出相當精采的文章。有一次，曹操看了曹植的文章，有一點不敢相信，便問他：「這是不是你讓別人幫你代寫的？」

曹植聽了，馬上跪下來說：「兒本來就出口成文，下筆成章，怎麼會需要找人代寫呢？」他同時還跟父親說，如果父親不信，大可當場測試一下。結果，曹操試了幾次，覺得曹植確實是才華出眾，非常高興，從此對他特別寵愛，甚至一度還想讓曹植做自己的接班人，不過因為很多大臣反對，才暫時作罷。

曹丕看弟弟那麼受寵，擔心自己地位不保，心理壓力自然很大。有一次，曹操要出外打仗，兄弟倆都去送行，臨別的時候，曹植念了一篇頌揚父親功德的文章，曹操非常讚賞，這時，曹丕的心裡很著急，因為他沒想到弟弟居然還會有這麼一招，而自己的才思又不像弟弟那麼敏捷，不可能現寫一篇，怎麼辦呢？幸好，幕僚及時悄悄提醒他：「沒關係，大王要離開了，你只要表現出傷心和依依不捨的樣子就好了。」不一會兒，曹丕果然抹著眼淚跟父親告別（不知道他是不是急哭的啊），結果，曹操果真大受感動，認為曹丕對自己很有感情。

後來，又因為一些小事，讓曹操覺得曹丕的能力還是比較強，辦事也比較可靠，漸漸的就不像過去那麼寵愛曹植。

曹操死後，曹丕做了魏王，他的心裡還是有些妒恨弟弟，居然想找個藉口治弟弟的死罪。這個事被他們的母親知道了，急得不得了，就拚命為曹植求情。後來，曹丕就把弟弟找來，說如果他能在走完七步之後立刻做出一首詩，就可以饒他一死。

結果，曹植邁開步子，走了七步之後，果然吟了一首詩。這就是有名的〈七步詩〉：「煮豆燃豆萁，豆在釜中泣。本是同根生，相煎何太急？」「萁」，是豆莖，這首詩的意思是說，為了煮豆子，拿豆莖作為燃料，豆子在鍋子裡哭泣，哭什麼呢？因為豆莖和豆子本來就是同一株植物上不同的部位而已啊，所以當豆子看到豆莖在下面煮著自己，看著原來是豆莖在迫害自己，當然會很傷心啊！

在這首詩中，曹植顯然是把「豆子」比喻成自己，把「豆莖」比喻成哥哥曹丕。曹丕聽了，特別是聽到那句「相煎何太急」吧，心裡也受到很大的觸動（幸好不是惱羞成怒），就把弟弟給放了。

現在，我們來介紹一下「建安七子」，指的是孔融、陳琳、王粲、徐幹、阮瑀、應瑒和劉楨。在這七個人之中，除了孔融早死之外，其他六個人在政治上都是曹操的從屬，以王粲的成就最大，他的〈七哀詩〉、〈登賦樓〉，千百年來都是公認的佳作，可惜王粲英年早逝，四十一歲就因病去世了。

孔融是孔子的第二十代子孫。在他小的時候，曾經有一個很有名的故事。那是在孔融十歲的時候，聽說河南尹李膺的名氣很大，想去看看他，居然就大搖大擺的跑到李膺家，還大模大樣的請人進去通報，自稱是李先生的世家子孫，想來拜訪李先生。當時，李膺的家裡正好有些客人，大家看到居然有一個小孩子跑進來，都覺得很新鮮，李膺問孔融：「你倒說說看，你的上輩跟我有過什麼交往嗎？」孔融不慌不忙的回答：「我的先人孔子，與先生的先人李老君（就是老子李耳）曾經見過面，也交談過，互為師友，所以我與先生您當然就是代代世交了啊。」

聽了孔融這番充滿才智的回答，在場的人都感到很驚訝，紛紛讚美道：「真是一個與眾不同的孩子啊。」這時，太中大夫陳煒來了，大家就把剛才

發生的事告訴陳煒，結果，陳煒說，這沒什麼好大驚小怪的，「小時了了，大未必佳」啊，意思是說，小時候很出色的孩子，等長大以後就不一定會那麼出色了。沒想到，孔融的反應真不是普通的快，居然馬上就看著陳煒回應道：「那麼先生您小時候一定是很出色的了。」意思就是，難怪您現在不怎麼樣啊，弄得陳煒很下不了台，尷尬不已。

「竹林七賢」指的則是魏晉時期文壇七位重要的人士，分別是嵇康、阮籍、山濤、向秀、阮咸、劉伶和王戎。他們生活的年代要比「建安七子」略晚些，都是三國時代魏國後期的文學家和思想家。在「竹林七賢」中，最具分量的應是嵇康和阮籍。

「建安七子」是指七位才子同屬於建安時期，因此得名，那麼，「竹林七賢」這個稱號又是怎麼來的呢？據說這是嵇康的創意。

嵇康非常喜歡竹子，認為做人應該像竹子一樣的有氣節，只直不彎。在他家後院有一片竹林，據說有一天，嵇康正打算要好好寫寫東西，大老遠看到阮籍來了，便匆匆寫了一句「竹林深處有籬笆」的詩句留在桌上，然後就匆匆躲進後院的竹林中。不一會兒，阮籍來了，看到桌上留的「拒客」意味濃厚的詩句，墨跡未乾，知道嵇康一定是剛剛走，便提起筆來，在嵇康寫的那一句下面接了一句「籬笆難擋笛聲轉」，接著就拿起放在桌上的笛子，一邊吹著，一邊去找嵇康。不久，山濤等人都陸續來了，他們也都陸續又往下接了不同的詩句——「笛聲換來知音笑」、「笑語暢懷凝筆端」、「筆筆述志走詩箋」、「筆筆錄下珠璣言」、「箴語共話詠篁句」，後來，嵇康看看這些詩句，發現每一句的第一個字——「笆」、「籬」、「笛」、「笑」、「筆」、「箴」都是竹字頭，再一想，這幾個文友也都是愛竹之人，值得一交，於是就又添了一句——「篁篁有節聚七賢」。從此，他們七個人經常在竹林裡聚會，別人也都開始紛紛用「竹林七賢」這個稱號來稱呼他們了。

第46個

三分歸晉

西元二二〇年，曹丕建立了魏國。四十五年以後（西元265年），晉王司馬炎建立了晉朝，之後又過了十四年，隨著吳國被晉軍所滅，三國鼎立的局面正式宣告結束。

司馬炎是誰？他是司馬昭之子。有一句俗語「司馬昭之心，路人皆知」，就是由他的故事引伸而來，表示一個人的心意（或者說這個人想要做什麼），那是每一個人都很清楚的。那麼，司馬昭想要做什麼呢？自然就是

篡魏稱帝。

也許你會奇怪，這個司馬昭又是怎麼冒出來的？魏國大權不是一直都掌握在曹家的手上嗎？

當年在曹操當政的時候，為了爭取世家豪族的支持，曾積極徵聘地方名士出來做官；河內的名門士族司馬懿就是在這種情況之下為官的，但是並沒有得到多大的重用，據說曹操並不怎麼喜歡司馬懿，說他有「狼狽之相」，還擔憂他將來會成為曹氏的大禍害，但是曹丕以及曹丕的兒子（就是後來的明帝曹睿）都不相信，曹丕即位以後，司馬懿成了朝廷重臣。在曹丕死後，司馬懿與大將軍曹真兩個人受命輔佐明帝曹睿。

司馬懿是一個城府頗深，做事很講謀略的人。後來，他率軍北伐西征，逐漸掌握了軍事大權。從此，中央政權就慢慢形成曹氏和司馬氏兩派勢力，各自發展黨羽，不斷的明爭暗鬥。曹氏勢力的核心人物是曹真的兒子曹爽。

明帝死後，司馬懿和曹爽共同輔佐年僅八歲的曹芳。這時，曹爽想要除掉司馬氏的念頭愈來愈強，便藉機把司馬懿調任為皇帝的太傅，雖然位階很高，但是並沒有實權。司馬懿的心裡當然很明白曹爽此舉是想奪走自己的兵權，乾脆說自己老啦、病啦，然後就在家裡和兒子司馬師策畫要如何反擊。

聽說司馬懿忽然臥病不起，曹爽半信半疑，就叫一個心腹去探望，看看司馬懿到底怎麼了。結果，司馬懿還真是一個演技派的人物，居然就在人家面前披頭散髮，胡言亂語，把來人徹底的給唬住了，回去以後就向曹爽報告，說司馬懿確實是病了，而且還病得不輕呢。

曹爽很高興，就此對司馬懿沒了戒心。翌年，曹爽陪同皇帝出洛陽城去高平陵祭祖。曹爽不知道，司馬師早就掌握了統領京師禁衛軍的重要兵權。所以，曹爽和皇帝剛剛離開洛陽不久，司馬懿就乘機調集重兵控制了洛陽，並且發布詔書，逼曹爽交出兵權，緊接著又處死曹爽及其家族黨羽，消滅了曹氏，獨攬朝政。後來，司馬氏父子又陸續鎮壓了一些叛亂之後，勢力更加鞏固。

司馬師有一個弟弟，叫作司馬昭。司馬昭是一個野心家，比司馬師更為專橫，他在擔任丞相的時候，居然把魏帝曹芳給廢了，另立十四歲的曹髦為帝。六年之後，也就是西元二六〇年，曹髦二十歲了，見司馬昭的權勢如此之大，非常憤慨，就對他的師傅王經、王沉和王業痛罵道：「司馬昭之心，路人皆知！」意思是說，現在誰不知道司馬昭隨時都想篡位自立為帝啊！曹髦並且命令這三個師傅協助自己去殺司馬昭。

年輕的曹髦，錯估形勢，沒有想到此言一出，王經立刻嚇得逃回家中閉門不出，另外兩個師傅則乾脆跑去向司馬昭告密！情急之下，曹髦只好拔劍親率宮中奴僕幾百人就要衝出去，但是司馬昭的親信賈充早已統領禁軍圍攻過來，後來，曹髦就這樣被殺死了。不過，殺死皇帝畢竟是大逆不道的事，

司馬昭一方面把責任通通推到一個實際操刀人的頭上，表示跟自己無關，另一方面勉強又立了十五歲的曹奐為帝。

西元二六三年，司馬昭率魏軍伐蜀。魏軍鬥志高昂，儘管蜀國周邊有崇山峻嶺這樣的天險做保障，魏軍竟然能夠鑿山通路然後向成都進攻！後來，蜀國滅亡，司馬昭也因滅蜀有功被封為晉王。司馬昭的長子叫作司馬炎，按照傳統的宗法制度，將來當然應該是要由司馬炎來繼承晉王這個位子，但是司馬昭其實非常寵愛另外一個兒子司馬攸，司馬攸的小名叫作「桃符」，司馬昭每次看到司馬攸，都會拍拍自己的寶座對司馬攸說：「這是桃符的位子喔！」但是後來因為很多大臣都非常反對司馬昭這樣的想法，並一再舉出歷史上因為廢嫡長而引起禍亂的例子，司馬昭只得打消了這個念頭。

司馬昭在晉王這個寶座上沒坐多久就死了。西元二六五年，司馬炎繼承父位，做了晉王，也掌握了魏國的大權。

同年，魏帝曹奐就表示要讓賢給司馬炎，司馬炎裝模作樣的、非常假客氣的推了三次，這才篡位稱帝，建立了晉朝，史稱晉武帝。

晉武帝在位十四年後，這才於西元二七九年在群臣的催促下，將二十萬晉軍兵分六路，大舉攻吳，其中由大將王濬負責率水路大軍從益州出發進攻吳國的都城建業（今江蘇省南京）。吳軍為了阻擋晉軍，特地在長江險要之處布下長長的鐵鍊，又在江中埋下幾公尺長的鐵椎，想以此來破壞晉軍的船隻。

王濬是一個很有謀略的將領，為了伐吳，他可是做了充足的準備。他先在益州督造了大批的戰船，這些戰船都很龐大，每艘都至少能夠容納兩千多人，船上還造了城牆城樓，這樣就像一座座會在水上行走的小城堡似的，士兵還可以在城樓上四面眺望（想想看，在一千七百多年以前居然就有這樣的技術，能造出這樣的戰船，真是不簡單）。

此外，為了避免吳軍的鐵椎傷及戰船，在正式開戰前，王濬又命晉軍趕造了幾十隻大木筏，讓這些大木筏來替戰船開道。怎麼開道呢？王濬下令在每個木筏上面都放一些草人，還披上盔甲，手拿刀槍，並且在木筏上灌足了麻油，一點就著。等到一切都準備好了，王濬命一些水性特別好的士兵先帶領這些木筏順流而下，如此一來，這些木筏一碰到那些鐵椎，鐵椎的尖頭就會扎在木筏的底下，這樣隨著木筏繼續往下漂，鐵椎就會被掃掉，而稍後一碰到攔在江面上的鐵鍊，士兵就趕緊把木筏點燃，燃燒好一段時間以後，那些鐵鍊鐵鎖自然就會被燒斷，就再沒有什麼可以阻擋晉軍的戰船了。

王濬所率領的大隊戰船就這樣順利開進吳國的地界，和陸地上的大軍會合。吳國根本無力抵抗，只好投降。至此全國統一於西晉。

第47個

淝水之戰

西元三一六年，僅僅歷經四代皇帝、前後一共僅五十二年的西晉政權滅亡。其中第二任皇帝晉惠帝是歷史上有名的傻皇帝，最經典的一個事例是，因為天災人禍不斷，在聽說百姓們都已經沒飯吃的時候，他居然還一臉困惑的問：「何不食肉糜？」，「糜」是稀飯，

「肉糜」就是「肉粥」，意思就是說，晉惠帝想不通這些百姓們的腦筋怎麼會這麼死，沒飯吃的時候可以吃肉粥嘛，幹麼非要吃飯啊？他居然想不到如果連白飯都沒得吃了，哪裡還有可能吃得到肉？

西晉滅亡以後，琅邪王司馬叡於西元三一八年在長江以南的建康（今江蘇省南京，南京是六朝古都，在歷史上有好幾個不同的名字）即位，史稱晉元帝，建立了東晉，占據了漢水、淮河以南大部分地區；北方則開始陷入紛亂，匈奴、鮮卑、羯、氐、羌等五個少數民族陸陸續續建立了不少國家。

以往史學家都習慣把這段（一直到南北朝開始以前）歷史稱為「五胡十六國」（因為到西元434年為止，前前後後加起來一共有十六國之多），甚至說是「五胡亂華」，但是現在這種說法因為對少數民族顯得不夠尊重，愈來愈具爭議，已愈來愈不被採用。

在北方（也就是黃河流域）的國家頻繁更迭、戰亂不斷的時候，其實北方很多百姓（主要都是漢人）都希望東晉能夠北伐，恢復統一。然而，東晉的開國皇帝晉元帝本身就已經是貪生怕死之徒，私心又很重，擔心就算北伐成功對自己也沒有什麼好處，還不如就這樣一直在江南苟且偷安，還可以保有自己的小朝廷。

就是由於晉元帝根本無意北伐，即使當時有祖逖這樣的名將（就是從小志向遠大、「聞雞起舞」的那一位），晉元帝對北伐也還是一直抱持著消極的態度。在祖逖堅持北伐、輿論也支持北伐的情況下，晉元帝雖然心不甘、情不願的勉強同意，只給祖逖區區一千人的糧餉、三千匹布，教他自己去募集軍隊和製造武器。後來等晉元帝看到祖逖居然連這樣都還是打了勝仗，收復了黃河以南的土地，並且即將準備要渡過黃河的時候，大吃一驚，竟然不顧一切硬是把祖逖給叫了回來，不久祖逖就抑鬱而死。

晉元帝在位五年後去世。接下來的幾個皇帝也都同樣只想偏安江南，不

思進取。過了五十幾年，西元三七六年，北方的局勢有了很大的變化；前秦的符堅在謀士王猛的輔佐下，滅掉了幾個小國，統一了北方。

王猛於西元三七五年病死，臨終前一再懇切的叮嚀符堅：「東晉雖然遠在江南，但東晉是繼承了晉朝的正統，我死了以後，陛下千萬不要去進攻他們，那是一定會得不償失的啊！」

一開始，符堅還很聽王猛的忠告，一邊努力加強國力，一邊繼續統一工作。可是等到北方已經完全統一之後，他就開始蠢蠢欲動了。

八年之後（西元383年），因為志得意滿而日益驕傲的符堅，不顧群臣的反對，堅持要南下征伐東晉。符堅想要做一個一統天下的霸主。

他首先發動了動員令，規定百姓每十個人之中就有一個要加入征伐東晉的隊伍，這樣很快就募集了六十五萬步兵、二十七萬騎兵，還有三萬羽林軍，號稱百萬大軍。這一年八月，符堅派弟弟符融先統帥二十五萬先頭部隊打頭陣，自己再親率九十大軍從長安南下，隨後接應。只見前秦軍隊「前後千里，旗鼓相望；東西萬里，水路並進」，聲勢非常浩大。在逼近長江的時候，符堅想到之前有很多人都說東晉有長江作為天險，這場仗勢必很難打，不禁洋洋得意的說：「哈哈，我們有這麼多的戰士，如果每個人都把馬鞭丟在水裡，只怕長江也會隨之斷流，東晉有什麼可怕！」

在符堅看來，要打東晉真是輕而易舉，他是抱著必勝的念頭來的，他甚至連戰後要把東晉皇帝、宰相等俘虜改封個什麼官這些事情都已經計畫好了！

得知前秦大軍壓境，東晉朝廷裡的許多官員自然都非常的驚惶不安，幸好宰相謝安臨危不亂，非常沉著和冷靜，對於一些主張求和的呼聲也嚴厲抨擊，力主抗戰。不久，主戰派贏得了大多數大臣和皇上的支持，謝安就立刻開始進行部署。

他派弟弟謝石為大都督，統帥八萬大軍迎戰，又讓姪兒謝玄為前鋒，更讓兒子謝琰上最前線，以此來鼓舞士氣（是啊，如果連當朝宰相的兒子都不怕死，都願意為了國家勇敢戰鬥，確實是很能激勵人心的）。

此外，謝安又派大將軍胡彬率領五千水軍，沿淮水西上，增援前沿要地壽陽（今安徽壽縣）。

到了十月，當胡彬統領的晉軍正奔赴前線的時候，從前方傳來了壞消息——壽陽失守了！於是，胡彬只得下令退守險要之地硤石，但很快就遭到前秦部隊的圍困。

胡彬趕緊派人給大都督謝石送去一封信，說現在敵軍鬥志旺盛，我軍遭到圍困，糧草又已經快要吃完，恐怕沒有辦法去跟大軍會合了。不料，這封信還沒來得及送到謝石的手上就已被符融截獲，符融馬上向駐紮在項城的符堅報告：「現在敵軍被困缺糧，絕不能讓他們跑了，請下令快攻！」

符堅接到符融的報告，心中大喜，心想看來戰事進行得比預期得還要順利，一時衝動，竟然犯了兵家大忌——他丟下了主力部隊，自己親率輕騎八萬就趕赴壽陽，準備跟晉軍決一死戰。

符堅更大的錯誤是，居然派了一個被俘的東晉官員朱序先去晉軍那裡勸降（古代在兩軍交戰之前往往都要先勸降）。結果，對於晉軍來說，這個朱序真是天大的救星！

原來，朱序之前的投降只是萬不得已的權宜之計，他的心還是向著東晉，於是，在來到晉軍軍營，見到大都督謝石以後，他非但不勸降，反而主動把前秦軍隊的虛實通通告訴了謝石！朱序說：「如果等到前秦的大部隊通通集結完畢，恐怕晉軍就很難抵抗了，不妨乘現在他們大部隊還沒有到的這個有利時機，迅速出擊，只要打敗他們的前鋒，挫了他們的銳氣，自然就可不攻自破！」

謝石本來打算以守為主，用時間來拖垮前秦的軍隊（類似戰國時期長平之戰前趙國大將廉頗的策略），可是幸好謝石並不剛愎，在與眾將領討論之後，他們決定採納朱序的建議，改變戰略，開始快攻！

十一月，晉軍主動出擊，發動夜襲，前秦軍隊毫無防備，被打得大敗。晉軍乘勝追擊，果然一舉大挫敵人的銳氣。緊接著，晉軍從水路兩方面發動全線反攻，一直打到淝水東岸（今安徽壽縣東北），與前秦部隊隔河對峙。

符堅聽說晉軍已到了淝水，頗為吃驚，便和符融一起登上壽陽城樓觀察動靜。或許是因為符堅剛剛吃了一個敗仗，有如驚弓之鳥，在遠望對岸的八公山時，竟然把山上密密麻麻的草木也當成了敵人，當場大發脾氣：「晉軍這麼多，明明是強敵，當初是誰說東晉軍很弱的？」（這就是成語「草木皆兵」的典故。）

為了不要吃虧，符堅下令暫時休兵，等到後續部隊通通都到齊以後再決戰。

這可把想要快攻的晉軍給急壞了。於是，謝石、謝玄使出激將法，大聲向符堅喊話：「將軍帶了大軍深入我們晉地，不是應該速戰速決的嗎？怎麼現在又不打了呢？乾脆請你們後退一點，騰出一塊地方作為戰場，讓我們渡過淝水來跟你們打！」

符堅受到這樣的挑釁，很不高興，但是再稍微一想，便覺得這是消滅晉軍的大好機會，因為他們可以乘晉軍渡河渡到一半的時候就開打，一定可以把晉軍打得落花流水！

於是，符堅接受了晉軍的戰書，大聲回應道：「好啊，你們過來打！」

然而，在下令部隊後退的時候，朱序竟乘機大嚷：「完了！完了！敗了！敗了！趕快逃命吧！」

前秦軍隊內部的向心力本來就不夠，一聽到這樣的呼喊，弄不清楚是怎

麼回事，再加上不久前又剛剛失利，總之，軍心大亂，戰士們紛紛潰逃！而與此同時，晉軍則是個個奮勇爭先地搶渡淝水，發起猛攻。

「淝水之戰」是歷史上一場有名的以少勝多的戰役，以東晉大勝告終。符融戰死，符堅受傷。這場戰役確定了此後南北朝的長期分裂。

第48個

促進民族融合的魏孝文帝

在「淝水之戰」中，前秦符堅率百萬大軍南下征伐東晉，結果慘敗，被晉軍殲滅和逃散的士兵高達七十多萬，從此，符堅不但統一南北的希望徹底破滅，連北方原本統一的局面也隨之消失，北方再度又分裂成更多的小國家（一個錯誤的決策有多麼的可怕啊！符堅真是不應該貿然來打東晉的）。而東晉王朝在「淝水之戰」以後，雖然無力統

一南北，至少是已經有效遏制了北方少數民族再度南下侵擾，讓江南地區的社會經濟得以恢復和發展。總之，在「淝水之戰」以後，中國便進入了長期分裂的南北朝時期。

拓跋氏屬於鮮卑族，原來曾經在山西一帶建立過國家，後來被前秦符堅攻滅。但是在淝水之戰以後，拓跋氏乘機重建國家，國號魏，定都山西平城。此後幾十年之間，北魏先後滅掉了其他的地方割據政權，西元四三九年，北魏統一了北方。

北魏在建國初期，曾經得到過中原漢族許多「宗主」的支持，這些宗主多屬世家豪強，不但擁有大量的人口、土地、財產，還負責地方統治以及徵發徭役租稅，他們成為北魏的地方基層政權。為了鞏固統治，北魏進行了多次的改革，主要目的之一是想融入漢族。其中改革最「成功」（其實也就是改革得最徹底）的就是馮太后和孝文帝拓跋宏。

馮太后是孝文帝的祖母。在介紹孝文帝之前，我們應該先介紹一下他的父親，也就是馮太后名義上的兒子——獻文帝拓跋弘（請注意，父子倆的名字乍看很像，爸爸是「弘」，兒子是「宏」）。

這個獻文帝相當特別。我們這麼說吧，在中國歷史的眾多皇帝中，當上「太上皇」的寥寥無幾，而年紀輕輕、十八歲就升任「太上皇」，並且後來還在宮中出家的皇帝，只有一個，就是這位獻文帝拓跋弘。

拓跋弘很小就失去了母親，因為北魏為了防止后黨專權，規定凡是兒子被立為太子的王妃，都要被賜死，因此，當年僅兩歲的拓跋弘被立為太子的時候，他的生母李貴人便按規定自盡了。拓跋弘很早就接受了漢文化的教育，對於漢文化非常嚮往，同時他也認為北魏如果想要長久的在中原立足，就必須接受漢化。所以他在十二歲即位以後就加速了鮮卑族的漢化過程。

不過，對於漢文化，拓跋弘獨獨對於黃老之說特別的感興趣，僅僅當了

六、七年的皇帝就不想做了，正式下詔傳位於年幼的太子拓跋宏，自己升任太上皇，並且立即搬到簡樸的崇光宮，整天和禪僧一起研究佛學義理。這樣過了五年（西元476年），拓跋弘因為下令處死了和馮太后有不正當關係的李奕，結果遭到馮太后的毒殺。

獻文帝死後，十歲的太子拓跋宏即位，史稱孝文帝。由於孝文帝年紀還小，馮太后便以「太皇太后」的身分臨朝稱制。根據歷史上的記載，馮太后稱得上是一位相當有才幹的政治家。從西元四八四年開始，她頒布了一系列的改革措施。比方說，北魏以前的官吏都沒有俸祿（沒有薪水），官員的「收入」都得靠自己張羅，巧取豪奪的事情就經常發生，馮太后則開始實施俸祿制，從此由朝廷發給官員俸祿，同時也嚴查貪汙，任何官員只要被查出貪汙，貪汙所得價值只要在一匹絹以上就一律處死。

其次，中原地區由於經過長期的戰亂，經濟受到嚴重的破壞，土地更是大片大片的荒蕪，所有世家大族都設法乘機兼併土地，造成國家財政日益困難。西元四八五年，朝廷頒布均田令，把田地大致分為「露田」和「桑田」兩種。所謂「露田」，就是荒田，每一個十五歲以上的男子（稱為「受田人」）都可以向政府領四十畝露田來耕種，每個女子（也是「受田人」）則是二十畝。如果因為土地要休耕輪種，露田還可以加倍或兩倍授給。此外，再另給每個男子二十畝桑田或十畝麻田，讓他們可以種植桑麻。當受田人年老或是死亡的時候，露田要交還給朝廷，桑田則可以傳給後代……馮太后藉著這些一連串的措施，不但有效推動了北方經濟的恢復和發展，也鞏固了地方統治秩序，並且加強了中央集權。

馮太后去世以後，孝文帝親政，繼續推行以「漢化」為中心思想的種種文治改革。除此之外，孝文帝還很想做一件事，那就是——遷都。

魏都平城地處邊塞，不但氣候嚴寒、農業生產的條件很不理想，交通運

輸也很不方便，所以孝文帝一直很想遷都，但是來自保守勢力的阻力很大（當然，其中必然也夾雜著利益因素，因為遷都勢必會造成很多上層人士的損失，因為他們勢必得失去許多原有的基礎）。於是，為了達到遷都的目的，孝文帝竟然精心策畫了一場戲。

西元四九三年秋季的某一天，孝文帝親率三十萬大軍渡過黃河，進駐洛陽，宣稱準備要大舉攻伐南齊。當時，正值秋雨綿綿，戰士們個個都疲憊不堪，眾多大臣都紛紛跪在孝文帝所騎的馬（稱為「御馬」）前面，痛哭流涕，懇求立即停止討伐南齊的行動。這時，孝文帝就讓大家做一個選擇，他說，要我不南征也可以，那就遷都吧！怎麼樣？到底是要南征還是要遷都？你們二選一，只能選一個，一定要選一個！

結果，大家自然都是寧可遷都也不要戰爭（只有皇帝才可以出這樣的選擇題啊）。翌年，孝文帝就如願把都城遷到洛陽來了。

遷都洛陽之後，孝文帝實行了「全面漢化」的政策。比方說，所有老百姓都得學習漢語，都得脫掉鮮卑族的傳統服飾，改穿漢服，還要把原來的鮮卑姓改為漢姓（孝文帝以身作則從此改姓「元」），鼓勵胡漢通婚（孝文帝還以身作則娶了四個漢族女子做他的后妃）。

由於孝文帝如此徹底且成功的漢化，以歷史長遠的眼光來看，對於促進各個民族之間的融合有著非常重大的意義。

第49個

書聖王羲之

王羲之（西元303-361年），生於琅琊臨沂（今山東臨沂縣北）。東晉初渡江，定居會稽山陰（今浙江紹興）。是東晉時期著名的書法家和文學家，尤其是他在書法上的成就，使他被世人冠上了「書聖」

的美稱。

王羲之出身於名門望族。祖父王正，是尚書郎。父親王曠，是淮南太守，與晉元帝司馬睿是表兄弟。伯父王導和族伯王敦都是東晉開國功臣，分任丞相和大將軍，執掌軍國大事。在如此顯赫的家庭中成長，使王羲之從小就受到很好的教育。據說王羲之在小的時候比較木訥，但是稍微長大一點以後，就能言善道，而且他並不是只會耍嘴皮或是善於詭辯的那種口才，而是善於思考、善於議論，深受家族長輩王導和王敦的器重，稱他為「吾家佳子弟」，就是說，真是我們王家優秀的子弟啊，與王承、王悅並稱為「王氏三少」。

王羲之七歲的時候開始學習書法，後來從父親的藏書中看到很多前人關於書法的書，又得到父親的指導，所以進步很快。王羲之從小就是一個喜歡動腦筋的孩子，所以他總是會不斷的研究、體會和思考，再提出自己的想

法，這種具有高度創意的特質，促使王羲之日後在書法這門領域中走出了自己的一條道路。後人在評價他書法上的成就時，都推崇王羲之在整個書法史上是一種承先啟後的作用，因為他既能很好的繼承傳統中優秀的部分，又能不被傳統綁住，而開創出新局。他最擅長草書和楷書，以及兩者相結合的行書。隋唐以後，王羲之的書法風格成為書法藝術發展的主流。

王羲之的性格相當瀟灑（大概凡是藝術家總有些瀟灑的特質吧）。關於他的瀟灑，有一個很有名的故事。在王羲之還沒有成家之前，有一天，太尉郗鑒讓門生到王家去挑女婿，門生把這個事奉告王導，王導就說，我們王家還沒成親的年輕人現在正好都在東廂，就請您自己去挑一下吧，看您對哪個年輕人中意；這位先生得了王導的同意之後，就逕自前往東廂，這時，東廂的年輕人消息靈通，已經都得知太尉的門生馬上就要過來挑女婿，一個個都正襟危坐，裝模作樣，不是搖頭晃腦的念書，就是神情認真的練字，只有一個年輕人滿不在乎的袒腹臥於東床，照樣旁若無人吃他的東西。郗鑒的門生回去稟報，郗鑒聽了，哈哈大笑，毫不猶豫就說：「我就要那個袒腹臥於東床的年輕人做我的女婿！」後來才知道，這個年輕人就是王羲之。

這也是成語「東床快婿」的典故。

其實，王羲之練書法比誰都認真，只不過郗鑒門生來挑女婿的時候，他剛好在休息，就不願為了討好郗鑒而故意作戲。郗鑒一定就是由此看出這才是一個真性情的人，值得把女兒的終生幸福託付給他吧。

王羲之生性豁達，並不追逐功名。他初為祕書郎，後為征西將軍庾亮參軍，累遷長史。庾亮很欣賞王羲之，臨終前上書推薦，遷寧遠將軍、江州刺史。官至右將軍、會稽內史，所以人稱「王右軍」。

當然，王羲之一生最大的成就還是在藝術。關於他的小故事，歷史上的記載很多。比方說，有一次，王羲之看到一個老太太拿著十多把扇子要去

市場上賣，看到老太太年紀那麼大了卻還要為生活這麼辛苦的奔波，王羲之非常同情，便問老太太：「一把扇子賣多少錢？」老太太說：「只要二十多文錢就夠了。」王羲之便把扇子拿過來，取出筆順手就準備要在扇子上題幾個字，剛一落筆，老太太就驚叫道：「你這是幹什麼！不買就算了，幹麼要在我的扇子上亂寫，這樣我還怎麼賣？我們全家還要靠這個吃飯呢！」王羲之笑笑說：「別擔心，等一下你拿到市場，只要說是王羲之題的字，你開價一百文錢也會有人來買。」老太太半信半疑的看著王羲之把每面扇子都「亂寫」一通，再半信半疑的拿去賣，結果，果真很快就被搶光了！

又如，王羲之愛鵝是有名的，有一次，他看到一位道士把鵝養得非常漂亮，很想要，道士就說：「可以啊，不過得拿你的字來換。」於是，王羲之就乖乖的為道士抄寫了《道德經》，然後高高興興的提著鵝籠回家。還有一次，王羲之聽朋友說有一位老太太養了一隻很會叫的鵝，便要朋友帶自己去看看，然而，或許是在消息的轉達上發生了誤會，老太太只知道大名鼎鼎的王羲之愛鵝，要來看鵝，受寵若驚，可是她沒弄清楚王羲之愛鵝是怎麼個愛法，竟然早早就把那隻鵝給宰了，然後用來款待王羲之一行，讓王羲之嘆息不已。

西元三五三年，暮春三月三日，五十一歲的王羲之與謝安、孫綽等好友一共四十一人，在會稽山陰之蘭亭聚會，各個賦詩詠懷，結集為《蘭亭集》，而王羲之為它作序，這就是王羲之的傳世之作《蘭亭集序》，這不但是非常有名的書法作品，也是一篇非常優美的散文，所以王羲之在文學上也具有一定的分量。

過了兩年，王羲之在五十三歲的時候，稱病辭官，離開會稽郡，開始盡情遊山玩水。又過了幾年，在王羲之五十九歲那年在剡縣（今浙江嵊州）去世。王羲之過世後，朝廷要追贈他為「金紫光祿大夫」，但是七個兒子遵從

父訓，堅決不肯接受。

王羲之的七個兒子，每一個也都同樣擅長書法藝術，其中又以王獻之最為出色，後來與父親一起被世人稱為「二王」。

第50個

畫聖顧愷之

顧愷之，生於大約西元三四六年，屬於東晉末年，字長康，小字虎頭，對於後人來說，叫他的小字好像更顯親切，所以世人多喚他「顧虎頭」。顧愷之不但是東晉時期最重要的大畫家，他的出現，代表著中國繪畫藝術已經完全擺脫了過去萌芽、嘗試的階段，而真正進入了成熟發展。同時，顧愷之更是歷史上第一個有畫跡可考的大畫家和最早的繪畫理論家。

顧愷之是晉陵無錫（今江蘇無錫）人。出身於名門望族，父親顧悅之是尚書左丞。在優越的家庭條件下成長，使他從小就有機會博覽群書，對於他後來走上習文作畫這條道路有很大的幫助。不過，當然最主要的還是在於他的天分和性情，使他成為一個偉大的藝術家，否則以他那樣的家庭背景，想要在仕途求發展應是輕而易舉，可是顧愷之並不想做官，而是選擇做一個「清客」（就是幕僚、或食客的意思），這是在魏晉社會「玄談清議」之風盛行下所產生的一種工作，選擇做這樣的工作，也就表示了物質生活不可能太好，甚至會有些清貧。

顧愷之先後做過大司馬桓溫和荊州都督殷仲堪的參軍，後來又投奔到桓玄的門下。他的一生基本上就是在當時這些權貴名流之間周旋，到了晚年才得到一個清閒的職位，算是一個正式的官職，但是上任不久就死了，享年六十二歲左右。

人稱顧虎頭有三絕，「才絕」、「畫絕」和「癡絕」。所謂「才絕」，當然是指他的才氣。顧愷之從小就聰敏好學，多才多藝。他很崇拜魏晉時期「竹林七賢」中的嵇康（對顧愷之來說是一百多年前的人物），有一回，顧愷之寫了一篇〈箏賦〉，他高高興興的與嵇康的〈琴賦〉相比，認為自己並不比嵇康遜色。就因為顧愷之對自己這麼有信心，所以也有人認為他很自負（不過，古往今來，似乎凡是有才氣的人都不免會有些自負）。

「畫絕」自然就是指他在繪畫上的成就。顧愷之特別擅長人像、佛像、山水和鳥獸，他還特別注重眼神（這很有道理，畢竟眼睛是「靈魂之窗」）。

顧愷之畫筆下的人物或動物的眼神到底有多出色？有一個很生動的小故事可以說明。

在東晉興寧年中，江寧（今江蘇省的省會南京）有一座寺廟剛剛修好，寺裡的僧眾發動募捐，請社會各界都來大方布施。當時，士大夫們都紛紛慷慨解囊。

這天，顧愷之也來到廟裡，說他也要捐獻，而且一開口就說要捐一百萬錢。

「一百萬錢？」負責接待他的寺僧根本不相信，認定他是在說大話，因為當時金額最高的一筆布施也沒超過十萬錢，寺僧又不是不知道顧愷之並不是什麼有錢人，憑他怎麼可能拿得出一百萬呢？

但是，顧愷之看起來非常有把握的樣子，他說：「我現在雖然拿不出，只要給我一個月的時間，再給我一面牆壁，到時候我保證會讓你們拿到一百萬錢的香油錢。」

寺僧們不知道他的葫蘆裡到底賣的是什麼藥，決定姑且一試，就騰出一

個空的廂房。顧愷之看看廂房裡那面空空的牆壁，很滿意，說了一聲「很好」，就開始關在裡頭，閉門作畫，幾乎都不出來，三餐都是由寺裡派人送進去。這樣過了一個月，顧愷之在牆壁上畫了一幅如來的畫像，無論頭髮、衣服、動作都很細膩，但是，如來的兩眼卻是白白的，裡頭都沒有瞳人，看起來就像是盲人。

「這是怎麼回事？」寺僧非常納悶。

顧愷之說：「放心吧，明天我會公開點睛的。明天你們就可以讓人來參觀了，不過，第一天來看這幅畫的要布施十萬，第二天，五萬，第三天以後就不用再硬性規定，這樣三天以後保證你們就能得到一百萬錢。」

寺僧們馬上把消息放出去，很快的，很多有財力的人都表示了高度的興趣。

第二天，寺廟的香油錢果然已經有了一大筆進帳，很多人都等著看顧愷之的點睛到底有多麼的高妙。寺僧們都很緊張，擔心顧愷之的點睛萬一普普通通，沒什麼特別之處，那他們豈不是要被大家罵死？

終於，顧愷之打開門。當大家一看到那面牆上的如來畫像，就已非常欣賞。緊接著，顧愷之替如來點上眼睛，就在一剎那之間，大家都彷彿看到一陣金光閃閃，再看看那幅如來，都覺得如來逼真的彷彿隨時都可以從牆壁上走下來似的（壁畫居然能夠逼真、傳神到這種程度，真是夠驚人的了）。

大家都讚嘆不已。消息很快就傳遍了整個江寧，想要來欣賞這幅畫像的民眾絡繹不絕，香油錢果然很快就超過了一百萬。

顧愷之的繪畫作品，據史上記載不下七十件，可惜後來只有《女史箴圖》、《洛神圖》和《列女仁智圖》三件摹本流傳下來。

最後，所謂「癡絕」，是指顧愷之的為人有些傻氣，顧愷之也曾經評價過自己是「癡黠各半」，「黠」，是聰明、靈巧的意思，所以我們不難理解顧愷之當然不是那種愚蠢的「傻」，而應該是一種藝術家天真的氣質，以及凡事不多計較的胸襟吧。比方說，有一次，明明畫作被偷，他卻自我解嘲道：「真是妙畫通靈啊，就好像是人羽化登仙一樣。」意思是說，不是有人偷了自己的畫，而是畫中的人物、鳥獸都太過逼真，以至於統統就這樣自己飛走了。

想想他一生都是在與許多權貴周旋，也許這樣的「癡」也是必要的吧。

此外，顧愷之在繪畫理論上也有卓越的貢獻，他的著作，至今保留下來的有〈畫論〉、〈魏晉勝流畫讚〉、〈畫雲台山記〉等三篇，是目前中國歷史上現存的較早成篇的畫論著作，是中國繪畫史上一份重要的文化遺產。

第51個

田園詩人陶淵明

陶淵明，又名潛，字元亮，世號靖節先生。他的生卒年有爭議，但是可以確定的是，他是生活在東晉末年一直到南北朝的宋朝初期的大動亂時代。

他的曾祖父陶侃，在東晉曾經做到都督八州軍事、荊江二州刺史，封為長沙郡公。祖父和父親也都做過太守一類的官。但是到陶淵明出生不久，因

為父親去世，家道中落，生活已經相當貧困，所以陶淵明從小就要做很多像打水、舂米這樣的粗活，還經常吃了上頓沒下頓。

在他二十九歲左右，親友推薦他到江州（今江西九江）做了祭酒，雖然只是一個小小的官，但本來還是可以靠這個差事養家餬口，然而由於陶淵明的性格實在不能適應官場生活，做不了多久便辭職回家。在後來的歲月中，雖然他陸續仍有做官的機會，但是由於他高風亮節，從不逢迎拍馬，在當時那樣一個政治並不清明的大環境中，發展自然是相當有限。在他四十二歲辭去彭澤縣令以後，就再也沒有出仕（還留下一個「豈能為五斗米折腰」的經典比喻）。

陶淵明終其一生可以說大半都是在貧窮和困頓中度過。所謂「窮」，到底有多窮呢？我們來看看陶淵明一首名為〈乞食〉的詩就知道了：

「飢來驅我去，不知竟何之，行行至斯里，叩門拙言辭。」

意思是說，餓得身不由己的出門乞討，竟又不知道該往哪裡走，等到敲了一家的門，人家來應門的時候，又難以啟齒，不知道該怎麼說才好。

幸好，他不用多說，人家也已明白他的來意。

不過，儘管物質方面十分匱乏，陶淵明的精神生活是非常富足的。他在文學上的主要貢獻在兩個方面，一個是詩歌，一個是散文。

陶淵明是一位真正的隱者，在他現存的一百二十多首詩歌中，大部分都是創作於中年以後。他淡泊名利，心態平和，在詩歌中自然生動的描述了田園風光，歌頌勞動的喜悅，也歌詠了讀書的樂趣，以及與文友一起賦詩的快樂。在他的詩歌中，讀不到世俗所以為的那種「仕途不順」的哀怨和氣憤，有的只是一種隨遇而安和安貧樂道的曠達。

陶淵明雖然也寫過一些四言詩，但是他寫得最多的還是五言詩，而他在詩歌上的成就主要也是表現在五言詩。

魏晉時期，文風比較虛浮華豔，許多文人崇尚駢儷這些文體，都很刻意追求形式，然而陶淵明的詩，清新自然，淳厚樸素，彷彿超然於塵外，不僅在當時的文壇獨樹一幟，還被公認是首開了「田園詩」的流派，對後代無數的詩人產生了巨大的影響。

而他的「結廬在人境，而無車馬喧」、「採菊東籬下，悠然見南山」等詩句，都是千古名句。

陶淵明的散文，數量雖然不多，但是也都寫得清新有致，其中又飽含著動人的理想色彩，所以也有不少膾炙人口的名篇。最有名的大概就要算是〈桃花源記〉了，這本是〈桃花源詩〉的序，在短短三百多字的篇幅中，具體生動的描繪出一幅理想社會的生活面貌，在這裡不但民風純樸，沒有剝削和壓迫，百姓們的生活都非常安定和愉快……對後世文學、思想的啟迪，極為深刻。

民國初年著名的作家兼學者梁啟超，推崇〈桃花源記〉是「在唐朝以前第一篇小說，在文學史上是極有價值的創作。」

再比如〈五柳先生傳〉，是陶淵明仿《史記》紀傳體所寫的一篇人物傳記。在這篇文章中的「五柳先

生」，「宅邊有五柳樹，因以為號焉」，而這位五柳先生「好讀書，不求甚解」，「閒靜少言，不慕榮利」，「喜飲酒，家貧，但安之所素」……顯然有陶淵明自己強烈的個人色彩。

又如〈歸去來兮辭〉，是陶淵明辭去彭澤縣令以後所作，全篇感情豐富真摯，文辭又非常流暢和優美，被許多學者一致推崇為是文學史上一篇不可多得的抒情小賦。北宋大文學家歐陽修甚至曾說，「晉無文章，唯陶淵明〈歸去來兮辭〉一篇而已」。

總之，陶淵明的詩文都具有很高的文學價值，這是沒有疑義的。

陶淵明的人格魅力也是經常被論者提及的一個重點。他感情真摯，對人熱情，又十分率真，比方說，儘管家貧，但是只要有朋友來，他一定會高高興興的設酒招待，如果自己喝多了，累了，他也會非常直爽的對客人說：「我醉欲眠卿可去」。意思就是說，我喝醉啦，想睡覺啦，你可以走啦。真

是單純、可愛。

當然，他也非常灑脫。在他人生快要走到終點的時候，他自感身體情況愈來愈不好，知道自己將不久於人世，便以非常平靜的心情寫下〈自祭文〉，回顧了自己的一生，說「匪貴前譽，孰重後歌，人生實難，死如之何」，意思是說，他既不看重生前的榮譽，也不希望在死後受到頌揚，活著並不容易，死了也就算了。

不久，這位田園詩人就去世了。

第52個

數學天才祖沖之

你知道圓周率是在什麼時候算出來的嗎？是在西元五世紀的時候，也就是距今一千五百年以前！

是由誰計算出來的呢？是一位生活在南北朝時期的傑出數學

家，他的名字叫作祖沖之。

也許你會想，圓周率在古代有什麼用啊？古代人為什麼要算圓周率啊？我們只要看看木桶或木盆的製造就知道了（這些可都是古代老百姓非常重要的生活用品）。木工師傅是怎麼來做這些木桶和木盆的呢？木頭是硬的，怎麼能夠做成圓形的東西呢？原來，木工師傅都是先把硬邦邦的木板做成略帶弧形的一塊一塊，然後再圍著底部慢慢的拼起來；這些木製品有不同的用途，有的要用來洗臉，有的要用來泡腳，有的要用來裝飯，有的要用來洗澡（在古代可沒有塑膠啊），那麼，在製作不同大小的木桶木盆時，師傅們怎麼知道多大的盆子需要用多少的木塊，拼起來才會剛剛好呢？這就需要用到圓周率的概念了。

木工師傅們都知道「三尺圓圓一尺徑」，這就已經是一個相當好用的「圓周率」了。後來，由於種種生產勞動的需要，數學家們漸漸計算出了新

值，如3.1547、3.155等等，但是都還不夠理想；直到祖沖之，終於計算出圓周率應該是在3.1415926-3.1415927之間，這是當時全世界最精確的圓周率，比歐洲足足領先了一千多年！

祖沖之（西元429-500年），字文遠，范陽郡薊縣（今北京市大興縣）人。祖家的先人原本是生活在北方，西晉末年，由於故鄉在戰爭中遭到嚴重的破壞，所以舉家南遷至江南居住。

祖沖之誕生在一個士大夫的家庭，成長的家庭環境不錯。他的曾祖父愛好文學，寫過一部叫作《志怪》的小說，在當時東晉的時候算是一部相當有名的作品；他的祖父，則曾任朝廷的大匠卿，負責主持國家的建築工程，了解和掌握一些科學技術、天文曆法等方面的專業知識，可以說祖沖之自小就受到文理兩方面很好的薰陶。

當然，最重要的還是他天資聰穎，從小勤奮好學，還有一種天生的科學精神。書上說，祖沖之「少稽古，有機思」，「稽」，是「考」、「核」的意思，就是說自秦漢以來湧現出不少科學家（譬如我們曾經介紹過的東漢的張衡），祖沖之雖然從年少就熟讀他們的作品，但是他能獨立思考，能對前人的成果做出修正或補充。畢竟，有不少科學家對祖沖之來說都算是古人（以張衡為例，張衡就已經是三百多年以前的人了），天生具備科學家特質的祖沖之，儘管佩服前輩們的研究，但是當然不可能把古人的科學研究結果照單全收。

西元四六一年，祖沖之三十二歲，先後做了從事吏、司徒等官職，接下來的兩年時間，他利用公餘之暇，用心研究天文、曆法和數學，取得了非常傑出的成就；不但精確的圓周率就是在這個時期推算出來的，他還大量核對了古代天文曆法的數據和資料，配合自己長期的科學觀測和計算，然後進行綜合分析排比，從中找出規律性的東西，終於對當時的曆法提出了改革的措

施，並制訂了更符合天文現象、更精確的《大明曆》。

西元四六二年，祖沖之將《大明曆》呈給當局，希望能夠取代舊的曆法。宋孝武帝根本不懂曆法，就把這個問題交給一位懂得天文和曆法的寵臣戴法興去研究。當時，戴法興是一個大官，根本不把小小官吏祖沖之放在眼裡。戴法興代表著保守主義，認為所有天文現象都是一種命定，都是上天所決定的，凡人是無從得知的，而且曆法是古代所流傳下來，不應該隨便更改，應該永遠採用；祖沖之不畏權勢，以科學家的精神一一駁斥，據理力爭，強調天文現象都是「有形可檢，有數可推」的，「非出神怪」，就是說所有天文現象都是可以經由科學方式來觀察和驗證的，絕不是什麼迷信現象。

書上說，這場辯論是中國曆法上最著名的論戰之一。據說當時在場官員大多都認為祖沖之是正確的，但是都因惟恐得罪戴法興而保持沉默，幸好宋孝武帝另外一個親信——一個叫作巢尚之的大臣發聲支持祖沖之，而宋孝武帝在聆聽了這場辯論之後，也認為《大明曆》優於舊的曆法，便決定在西元四六五年改用新曆。

其實，我們只要看看科學演進的過程就會知道，每當一項真理推出的時候，總會受到保守主義的反對與打壓，哥白尼（1473-1543）提出「日心說」、伽利略（1564-1642）提出天體（譬如月亮）並不是光滑和完美無缺，而是像地球一樣凹凸不平；達爾文（1809-1882）說人類是從猿猴進化而來等等，莫不是都遭到保守主義的一致抨擊甚至迫害。祖沖之所面臨的情況也是如此。

祖沖之也是一個發明家。在後來齊高帝輔政的時候，命祖沖之造一輛指南車。當時有一個叫作索馭驎的人也說自己能造指南車，於是齊高帝就叫他也造一輛。等到兩人的指南車都造好了，進行公開評比。祖沖之是先研究古

法，在古典的基礎上進行改良，然後用銅為原料造了一輛奇妙的指南車，不管怎麼轉動它，它都永遠只是指著同一個方向——那就是南方（還真是名副其實的「指南車」）！

製造這個指南車在當時是一項相當高超的技術，大家都非常驚嘆。索馭驎所製造的那一輛呢？因為品質和祖沖之所製造的這一輛差距太大，所以當場就被齊高帝下令燒掉了！

祖沖之還在諸葛亮原來「木牛流馬」的基礎上，大膽革新，製造了「千里船」，在新亭江上試驗，「日行百餘里」。此外，「水碓磨」也是祖沖之的發明。「碓」就是一種石製的舂米器具。祖沖之巧妙運用自然水力，在水流湍急的地方安置一個大水輪，這個大水輪的軸上有很多橫木，隨著水輪的轉動，就會帶動這些石材，然後一起一落的在石臼裡舂起米來，另外還有一組安裝在軸上的齒輪，會帶動石磨不停的轉動，就會磨出雪白的麵粉。這個

「水碓磨」十分實用，造福了廣大農民。

在祖沖之的晚年，南齊統治發生內亂，政治十分黑暗腐敗，經濟自然也日益凋弊，百姓的日子都過得很苦，緊接著，江南一帶又陷入一片戰火，這時，祖沖之向齊明帝上書〈安邊論〉，建議政府開墾荒地，發展農業，安定民生，鞏固國防。齊明帝看到〈安邊論〉，非常欣賞，打算派祖沖之巡行四方，興辦一些有利於國計民生的事業，但是，遺憾的是，由於戰事不斷，這個計畫一再擱淺，不久祖沖之就過世了，享年七十二歲。

還值得一提的是，祖沖之在文學、哲學和音樂方面也有不凡的造詣，一生著作也相當豐富，譬如《老子義》、《莊子義》、《孝經釋》、《論語釋》等等。其中還有一本關於數學的著作《綴術》，後來這本著作還由他的兒子做了更進一步的修訂和完善。

第53個 隋文帝統一南北

在中國歷史上，隋朝的開國皇帝楊堅（西元541-604年），史稱隋文帝，是一位可以與秦始皇、宋太祖、元世祖並稱的非常傑出的皇帝。

我們就把他跟秦始皇相提並論一下好了。秦始皇結束了將近五百年的春秋戰國時代，統一全國，這是中國歷史上第一次大統一，而隋文帝則是結束

了自東漢末年以後長達三百六十多年分裂動盪的局面，實現了歷史上第二次的大統一，就這一點，隋文帝即對歷史有莫大的貢獻！

在楊堅崛起之前，北魏先統一了五胡十六國，然後北周又進一步擴大了北朝的地域，成為南北對峙中北方最後一個政權。楊堅生於貴族之家，父親在北周時曾官至柱國大將軍，被封為隋國公。楊堅後來就世襲了父親的官職。

他的妻子獨孤氏是鮮卑大貴族獨孤信的愛女，他的女兒是北周宣帝的皇后。宣帝是一個昏君，荒淫無道，北周政權在他的手裡日趨衰落。宣帝死後，繼任的靜帝年紀太小，只有八歲，所以宦官鄭議等人假傳遺詔，召楊堅進宮，並極力主張讓他入宮輔政，楊堅就此總攬軍政大權，並且乾脆一不做、二不休，用威逼手段拿到了天子玉璽和兵符。

楊堅擔心各地諸侯王會對他不服，便以「趙王要嫁女兒給突厥」的名

目，把北周皇室成員通通召進京都，又以靜帝的名義下了一封詔書，想把威望極高的元老重臣尉遲迥召回京師，結果尉遲迥統兵數十萬，並且北聯突厥，南結南朝，舉兵反對楊堅，然而後來兵敗自殺。在尉遲迥之後，還有一些零星較小規模的「叛亂」，但是不到半年就被楊堅統統平定。

西元五八一年，四十一歲的楊堅，迫使自己的外孫靜帝退位，自立為帝，改國號為隋，在北周政權的基礎上建立了隋朝，改元「開皇」。

隋初，由於北方突厥的勢力強盛，突厥可汗還曾率軍南下大舉侵隋，造成隋軍損失慘重，後來是因突厥發生內亂，無暇再來找隋朝的麻煩，隋朝才稍微得以喘息。不久，突厥內亂日趨嚴重，竟分裂成東、西兩個汗國，隋文帝就把握住這個機會，向突厥進攻，完成了北方的統一。

接下來，隋文帝就開始對付南方了。開皇八年（西元588年），隋文帝以晉王楊廣為統帥，率五十萬軍隊南進，僅僅用了四個月的時間就消滅了腐

朽的陳朝，還俘虜了陳朝的皇帝陳後主。

陳後主從小生活奢華，長大以後也是整天沉迷於酒色，不理朝政，而且完全不肯聽勸，只要一有什麼臣子來勸他以國事為重，就會馬上被抓起來殺掉（真可怕），直到部屬焦急萬分的跑來報告說隋朝已向他們展開進攻，陳後主還不知死活，根本不當一回事，甚至還胡言亂語，宣稱有「王氣」在陳國，認為隋朝根本就沒有什麼好怕的。

不久，隋朝就在長江沿岸對陳軍發起全面的進攻，陳軍一戰即敗，完全沒有反抗的能力，隋軍很快便乘勝包圍建康（今江蘇南京）。當隋軍攻入建康時，陳後主和張貴妃、孔貴妃一起驚慌失措地躲到景陽殿的枯井中，最後還是被發現，做了俘虜。陳朝也宣告滅亡。

至此，自東漢以來近四個世紀的分裂局面終於結束，南北又歸於統一，中國又進入了穩定發展的階段。

第54個

科舉制度

科舉制度在中國歷史上存在了一千三百年。這個制度是在隋初所創立的，在唐宋時期更加完備和興盛，到了明清兩代趨於衰落，在清朝末年完全被廢除。

不過，隋朝也不是憑空忽然就創立了這麼一個制度，而是根據以前的制

度加以改進。隋以前的魏晉南北朝時期，都是以「九品中正制」來選拔人才。當時，曹操為了網羅人才，一再強調「唯才是舉」，意思是說只要是人才就有被重用的機會，後來曹丕就把漢朝的察舉制度加以改善，頒布了「九品中正制」。

我們現在就先來看看漢朝的察舉制度。所謂「察舉」，就是說由地方官吏在各自管轄的地區，隨時考察當地有沒有特別出色的老百姓，然後推薦給中央政府。考察的名目很多，比方說，「孝廉」是指這個人做事正直，能盡孝道；還有「賢良方正」、「茂材異」、「孝悌力田」等等。由於負責察舉的是地方官（中央官員高高在上，又遠在天邊，怎麼可能知道在什麼地方有哪一個平民百姓是很孝順，或是做人做事特別正直，或是特別的有才華），無形之中這種察舉制度等於是賦予地方官比較大的權利，這對於中央集權是有些不利的。

曹丕所採用的「九品中正制」，是先選擇有見識、有眼光的官員，去各地擔任地方上的「中正」，負責評審當地讀書人的才能和德行，將他們分為「九品」，也就是「上上」、「上中」、「上下」、「中上」、「中中」、「中下」、「下上」、「下中」和「下下」等九個等級，然後再按品級推薦他們去做官。當然，名列高品的做大官，小品的做小官。從此，地方政府失去了選拔人才的權力，由中央政府設在地方上的「中正官」牢牢把持了這方面的權力，中正官說你是「中上」，你就絕不可能是「上中」；而能夠擔任「中正官」的都是世家大族，因此他們在所謂選拔人才的時候就很自然的經常只看門第，這就造成了幾乎只有同樣屬於世家子弟的人才可能被列入高品。

到了西晉時期，這種「上品無寒門，下品無世族」的不公平、不合理的情況愈來愈嚴重，普通百姓幾乎永無出頭之日，這自然加深了百姓的不滿和怨恨，社會矛盾也就愈來愈多。

由於「九品中正制」的流弊百出，隋文帝即位之後，就正式廢除了「九品中正制」，宣布要實行科舉。西元五八九年，也就是在隋文帝滅陳、一統天下的同一年，隋文帝下令設立「志行修謹」和「清平干濟」兩科（前者表示「有德行」，後者表示「有才能」），命凡是五品以上的京官和地方官總管、刺史今後都要按這兩科來推薦人才。這被史家公認是科舉制度的開始。

一開始，隋朝的科舉制大體而言有兩種情況，一種是常設的科目，另一種是臨時性的特科。西元六〇三年，隋文帝下詔，今後將以「明知古今」、「通識治亂」、「究政教之本」、「達禮樂之源」等科目來選拔人才。從此，科舉的項目就漸漸增多了起來。

四年以後，西元六〇七年，隋文帝已過世，隋煬帝在位，下詔今後將以「德行敦厚」、「剛毅正直」、「文才秀美」等十個科目來選拔「德」、

「才」、「體」各方面表現比較突出的人，不但科目比較具體，考核的標準也比較明確，已經比較公平。不過，這些都還是屬於臨時規定的特科，另外還有固定常設性的三科，那就是「秀才」、「明經」和「進士」三科，想要考上都很難，但是考上之後也只是取得了一個做官的資格，在這之後還要通過吏部的考試才能任命為官員，而且往往還只是九品小官，在當時的政壇可以說並不占什麼重要的地位。

但儘管這樣，這種選官制度（也就是科舉制度），還是給了廣大普通老百姓、甚至是貧寒子弟一個公平競爭的機會，同時也把選官的權力集中在吏部和朝廷，加強了中央集權。總之，隋朝所創的科舉制度，開始了中國文官考試制度的歷史，對於後世所產生的影響是非常深遠的。

第55個

隋朝大運河的開掘

西元五八七年，隋文帝滅掉後梁的割據勢力，掃除了向陳朝進軍的最後障礙之後，為了便於從北方運送糧草和士兵南下去攻打陳朝，就將戰國時期吳王夫差所開的邗溝加以疏通和拓寬，並且開挖了一條北起山陽，南到江都，最後流入長江，也就是

把淮河與長江聯繫起來的河道。

西元六〇四年，楊廣即位，史稱隋煬帝。翌年，隋煬帝在洛陽營建東都的時候，為了加強帝國的統治，也為了滿足自己的私欲，下令開鑿大運河，這就是後世所稱的「京杭大運河」；以洛陽為中心，北起涿郡（今天的北京），南至餘杭（今天的杭州），全長大約五千多公里，但前後竟然僅僅歷時六年就宣告完成。想想看在一千多年以前，沒有任何現代化機械設備的情況之下，這麼大的工程，卻在這麼短的時間之內完成，這是多麼令人不敢相信的超高效率！但也因此造成了老百姓極大的負擔和痛苦，累積了極深的民怨。

何況在隋朝所開挖的運河還不只一條！

這個我們待會兒再介紹，現在先繼續說一下大運河。

大運河是世界上最古老、同時也是最長的運河，溝通聯繫了海河、黃河、淮河、長江和錢塘江等五大重要的河流，大運河完成以後，立刻成為南北交通的大動脈，有史以來南北首度可以通航。它不僅便於隋王朝加強對於南方地區的經濟、政治、軍事等各方面的控制，也便於南方藉著大運河運送財物至北方，對於以後的歷史發展產生了難以估計的影響。在隋朝以後的唐宋時期，大運河都是整個王朝的經濟命脈。

現在我們來看看，隋朝到底開鑿了幾條運河？答案是五條。也就是廣通渠、山陽瀆、通濟渠、永濟渠和江南河，其中山陽瀆的前身就是邗溝。

這些運河都是分階段開鑿。可以說隋文帝的時候所修的運河都是階段性的（譬如隋文帝為攻打陳朝而疏通、拓寬的邗溝就是後來運河中山陽瀆這一段），不過真正使運河形成網絡一般規模的是隋煬帝。

隋煬帝絲毫不能體念老百姓的辛苦，為了開鑿這些運河，老百姓所付出的不只是智慧，更是無窮無盡的血汗以及超乎想像的巨大的勞動量。

舉一個例子，光是通濟渠和開邗溝（將隋文帝時期的山陽瀆再次整修和擴大，使其規格與通濟渠一致），兩項工程的規模都不小，竟然在短短半年之內就全部完工！百姓所承受的勞役之重，簡直不忍去想像。

何況這樣的工程在當時更大的意義還是為了滿足隋煬帝自己個人的享受。通濟渠和邗溝的水面寬度都是四十步（古人的測量單位），沿途兩岸都修建了寬闊的御道，「御道」就是皇帝行走的道路，御道兩邊都種植了榆樹和柳樹，從洛陽到江都（今天的揚州），足足一千公尺，御道都是濃蔭蔽日，既美麗又涼爽。同時，沿途還建造了四十多所行宮，供隋煬帝巡遊時休息之用。

除此之外，隋煬帝對於巡遊時的船隻要求也非常高。歷史上記載，隋煬帝曾經三下江都。第一次，他率領龐大的巡遊船隊（船隊首尾相接，綿延二百餘里），沿著通濟渠和山陽瀆浩浩蕩蕩的南下，十分壯觀。隋煬帝所乘的那艘龍舟，高十五公尺，寬約十七公尺，長約六十七公尺，上下一共四層，下層有正殿和東西朝堂，中間兩層一共有一百三十個房間，最下層則為內室，是讓宦官住的地方。這麼豪華的龍舟，光是船工就高達九千人（這可真是一千多年以前的「豪華郵輪」啊）。

隋煬帝第二次巡遊江都，歷時十一個月，為了討好皇帝，地方官只好加大力度拚命搜刮民財，老百姓苦不堪言，頻頻發生只能剝樹皮、採樹葉、挖野草、煮泥土來當作食物的事，甚至還發生了吃人的慘劇。不久，隋煬帝又要做第三次的巡遊時，大臣任忠等人都先後上書勸諫，希望隋煬帝體念老百姓，不要再如此勞民傷財、奢華浪費，結果都被隋煬帝給殺了。

西元六〇八年，隋煬帝為了鞏固邊防，以及對高句麗用兵，下令徵發河北一百多萬民眾開挖永濟渠，由於所需勞力眾多，男人都找不到了，竟然連婦女也大批被徵發服役！

以日後眼光來看，大運河的開鑿以及所形成的運河網，對於全國性的發展當然是有其積極的意義，但是在隋朝當時，這麼大的工程，卻是短期完工，再加上隋煬帝極為過分的貪圖個人享受，給老百姓帶來的痛苦是不可言喻的。這也直接導致了隋朝的滅亡。

在隋朝以後，唐宋以及各朝都對隋朝大運河進行了不同程度的疏通和修整，尤其是在元朝進行了大規模的開鑿和疏補，形成了現代所看到的京杭大運河。

第56個 隋滅與唐興

在中國歷史上，有兩個能夠一統天下但是卻都很短命的王朝，一個是秦朝，只有十六年，另一個是隋朝，也只有二十九年。而且這兩個短命王朝都是在開國之後第二個皇帝的手上就亡國了。

前面我們說過，隋文帝原本是一位難得的傑出皇帝，不但結束了南北長期分裂的亂局，還大刀闊斧進行很多制度上的改革，施行對當時來說更合

理有效的制度，比方說精簡政府機構、廢除「九品中正制」，都是很有意義的舉措，以至於後來隋朝雖然滅亡了，但是不少隋朝所創立的制度卻不亡。此外，隋文帝還實現均田制、減輕剝削等等，大大提高了農民主動生產的意願，整個國家的經濟也獲得突飛猛進的發展。然而，像隋文帝這麼一個英明的君主，卻因為做錯了一件事，後來不但把自己的命都給丟了，還直接導致了隋朝的滅亡；那就是——選錯了接班人！

獨孤皇后是隋文帝的賢內助，頗有治國之才，經常輔佐隋文帝處理政事，但毫無野心，深得隋文帝的敬重，當時宮中也都把皇帝、皇后稱為「二聖」。他們夫妻倆一共育有五個兒子，大兒子楊勇在隋朝開國之初的開皇元年（西元581年）就被立為太子。在「嫡長子繼位」的宗法制度之下，這本是天經地義的安排，然而大家都沒有想到的是，隋文帝和獨孤皇后的次子晉王楊廣（西元569-618年）是一個很有野心的人，竟悄悄計畫著想要把大哥從「太子」的寶座上給趕下來，而由自己來當太子，將來好再繼位為皇帝。這個陰謀，史稱「奪嫡」。

楊勇當了太子以後，並無什麼大錯，楊廣要從哪裡開始著手呢？首先，他發現父母雖然按照慣例把大哥立為太子，但實際上並不怎麼喜歡他。譬如，父親很節儉，大哥卻比較奢華，所以父親有些看不慣大哥，還有，母親為大哥娶的元妃，大哥不喜歡，大哥寵愛的偏偏又是母親很討厭的，這一點也讓母親很不高興……於是，楊廣採取了多管齊下，一方面，裝模作樣，假裝自己是個老實人，成天只跟原配待在一起，不喜歡別的女人，還故意在晉王府裡擺放一些布滿灰塵、甚至連弦都斷了的樂器，表示自己很節儉，東西壞了都還捨不得丟（也真是夠別出心裁），另一方面則很有技巧的接近楊素等重量級的大臣，並且費盡心機的博得他們的好感，還要不動聲色的在母親面前持續汙衊大哥……漸漸的，隋文帝和獨孤皇后都愈來愈不喜歡大兒子楊

勇，而漸漸有了改立太子的念頭。

楊廣就這樣裝了快十年（好辛苦哇），西元六〇〇年，在獨孤皇后的勸說下，隋文帝終於做出「廢太子、並且改立次子楊廣為太子」的決定。楊廣奪嫡成功。這一年，楊廣三十二歲。

本來，在奪嫡成功之後，楊廣只要安心等著父親去世之後就可以坐上皇位了，沒想到後來事情突然有了變化，以至於楊廣竟然是提前坐上了皇位。那是在西元六〇四年的時候，隋文帝病重，太子楊廣大概是滿心以為反正老頭子眼看就要不行了，再加上過去處心積慮的裝了那麼久，他再也裝不下去，便開始來個大爆發、開始原形畢露起來。他做了一件非常無恥的事，居然想要欺負父親的寵妃！這個時候，獨孤皇后已死，隋文帝知道了這個天大的醜事以後，氣得大怒，連呼「這個畜生！怎麼能夠把國家大事交給他！獨孤誤我！獨孤誤我啊！」（咦，隋文帝在立楊廣為太子之前不是也沒看出來這個兒子竟然有這麼壞嗎？）

隋文帝當機立斷，馬上召兩個大臣來到病床前，叫他們寫詔書廢了楊廣，重新立大兒子楊勇為太子。沒想到，楊廣消息靈通，居然掌握了這項情報，於是，他也當機立斷——只是他是當機立斷做了很可怕的事，他居然是率東宮衛士入宮，殺死了自己的父親隋文帝！然後又殺死自己的大哥，還把嫂嫂占為己有（這個人可真是壞到極點了）。

緊接著，楊廣就即帝位，史稱隋煬帝。

後世史家評價隋煬帝，都說他是一個有名的暴君。其實，他在小的時候本來是很出色的，博覽群書，文思敏捷，十二歲時便被封為晉王，任並州總管。西元五八八年隋軍南下的時候，也是他負責統兵伐陳，當時他才二十歲；西元六〇〇年，他領軍大破突厥入侵，斬敵數千，軍功非常顯著。然而，他登基做了皇帝以後，剛愎自用，好大喜功，大興土木，貪圖享受。在

位十幾年的時間裡，待在京城的時間居然不足一年，幾乎都是馬不停蹄的到處巡遊，完全不顧百姓的死活！更要命的是，他還窮兵黷武，從西元六一二至六一四年，三次遠征高句麗，都無功而返，但因每次出兵都要動用幾百萬人，造成田地荒蕪，百姓民不聊生，起事也就是必然的了。

山東和河北是隋煬帝進攻高句麗的主要軍事基地，這裡的百姓對於遠征的事尤其痛恨，再加上天災不斷的發生，所以後來第一批起義軍就是在這裡誕生，然後風起雲湧，各地都有反隋事件發生，不久起義軍又慢慢形成三大主力，分別是河南瓦崗軍、河北竇建德軍以及江淮杜伏威。

瓦崗軍（因為在河南瓦崗起兵而得名）的領導者之一是李密。西元六一七年，李密進圍東都，發布隋煬帝的十大罪狀。隋朝太原留守李淵，乘隋煬帝還在南巡江都的時候進占長安，並立新皇帝隋恭帝，自立為丞相，就此掌握了大權。接下來，各地諸侯也紛紛起義，割據一方，互相較勁。

翌年（西元618年），禁軍將領宇文化及等人在江都發動兵變，絞死煬帝，隋朝宣告滅亡。煬帝終年五十歲。

又過了一年（西元619年），李淵在長安廢掉了新皇，自立為帝，建立了唐朝。

第57個

玄武門之變

李淵（西元566-635年），雖然貴為唐高祖，建立了唐朝，但其實他是有「開國君主之名」，卻無「開國君主之實」，因為他胸無大志，還頗有些懦弱，當初起兵完全是兒子慫恿的（特別是長子李建成和次子李世民），剛一起兵，就被隋將宋老生堵住，他馬上就害怕了，急著就想打退堂鼓，幸賴李世民趕緊一肩扛起重任，克服了種種困難，打敗了宋

老生，進攻長安，可以說整個天下都是兒子（主要是李世民）幫他打的，李淵這個「開國君主」簡直就是坐享其成。

無怪乎有史家評價，李淵其實是一個綿羊爸爸率領一群虎狼兒子奪取了天下，等到虎狼之間的爭鬥告了一個段落，遲早還是會向他這個小綿羊張開大口。所以，「玄武門之變」發生以後不久，李淵就宣布退位，把皇位讓給李世民，自己到一邊吃香喝辣，頤養天年。

手足相殘的「玄武門之變」固然是一場人倫悲劇，誰對誰錯，千古以來都有其支持者，不過，不管如何，普遍都還是認為在封建制度之下，這個悲劇似乎難以避免。

其實早在當初李淵剛剛從太原起兵的時候，李建成和李世民的身邊就已漸漸形成了勢力。李世民在一次又一次的征戰中，陸續收納了尉遲敬德（「尉遲」是一個複姓，他也是民間最為普遍的門神之一，他的門神搭檔

是秦叔寶）、程咬金（「半路殺出程咬金」這個俗語典故就是跟他有關）等等，並開設文學館招納文人賢士，有杜如晦、房玄齡、虞世南等十八位名士都入館（李世民特別要著名畫家閻立本為十八人畫像，號稱「十八學士」），又爭取到宰相陳叔達、重臣長孫無忌等人的支持，同時，李世民還在天策府內置官署，投靠他的人日益增多，這就給他的哥哥、也就是太子李建成很大的壓力。

李建成的人馬也不少，畢竟按照法理太子就是未來的皇帝；李建成不但有宰相裴寂等人的支持，手下還有文將魏徵、武將馮立等等，都是相當出色的人才，還招了兩千多名勇士作為東宮衛士，稱為長林軍。

此外，李建成和李世民都各自招攬了私人武裝衛隊。

王朝初立，李建成被封為太子，李世民被封為秦王，他們的弟弟李元吉則被封為齊王。接下來，在統一全國的戰爭中，兄弟分工合作，太子李建成常住長安，協助父親處理軍政，秦王李世民則統領大軍，南征北討。不久，因為秦王屢建功勳，聲望愈來愈高，又任尚書令，居宰相之職，太子李建成對這個弟弟日益感到有如芒刺在背，尤其是在李世民征王世充回朝以後，因為又建了大功，高祖於是又加封他為「天策上將」，這麼一來，李世民的地位就等於是位於王公之上，擁有無比顯赫的地位和權力，太子對於秦王是益發不能容忍了，總擔心他會威脅到自己的地位。

與此同時，秦王府裡為秦王「抱屈」的人也愈來愈多，因為，就連高祖都曾不只一次的表示，如果不是李世民，恐怕自己是不可能當上皇帝的，再加上秦王一直到現在都還不斷的在為大唐王朝立下汗馬功勞，但因為排行老二，就注定了有天子之才卻永遠不可能成為天子，這實在是太令人感到不平了。

就這樣，在太子和秦王、在東宮和秦王府之間，一天比一天要暗潮洶

湧。齊王李元吉在考慮該如何選邊站的時候，則是選擇和大哥李建成站在一起。

太子和齊王開始密謀該如何除掉秦王。他們的計畫是從父親的嬪妃這裡作為著力點，盡力討好她們、拉攏她們，想讓她們在父親面前為太子多說些好話，特別是對於父親特別寵愛的那幾個妃子，他們更是想盡辦法要讓她們高興。漸漸的，這些妃子對太子的印象都明顯的要比秦王好；特別是當秦王攻克洛陽的時候，這些貴妃私下向秦王索取洛陽的寶物，還為自己的親屬求官，不料都遭到秦王拒絕，貴妃們對秦王的印象就更壞了，都覺得秦王傲慢、不近人情，異口同聲都在高祖面前盡說秦王的壞話，時間稍長，高祖果然開始對李世民日益疏遠。

後來，東宮和秦王府之間又陸陸續續發生了一些不愉快的事，兩邊的衝突已逼近一觸即發的地步。

西元六二六年，太子請秦王到東宮飲酒，本來秦王的部下都勸他不要去，免得其中有詐，可是李世民堅持要去，結果，太子竟命人在酒裡下毒，導致李世民的身體極為不適，回去以後竟然吐了很多的血！這個時候，秦王府裡的人再綜合一下最近所發生的一連串的事，都研判太子是真的非要除掉秦王不可了！

比方說，東宮那裡派人送了一車金銀給尉遲敬德，此舉擺明了是想要悄悄收買秦王府裡的將領，在遭到拒絕、賄賂不成以後，就派刺客行刺尉遲敬德，行刺失敗，又誣告尉遲敬德謀反。同時，太子又在父親面前猛進讒言，把房玄齡和杜如晦都調出了秦王府，等於是把秦王身邊非常重要的兩個智囊都給拔除。

剛好就在這個敏感的時刻，突厥入侵，太子和齊王認為這是一個除掉秦王的大好機會。按慣例，高祖很可能仍是派秦王出征，但是太子和齊王密

謀，要設法讓齊王來取代秦王北征，然後就可以乘機調用秦王府的諸多武將和精銳衛隊，這麼一來，李世民就算自己一個人本領再怎麼高強也是沒有用的。

太子和齊王原本以為他們的計謀非常完美，沒想到齊王手下出了一個叛徒，竟然將這個陰謀跑去告訴秦王李世民。李世民想想再也沒有什麼可以猶豫了，就算是為了自衛，他也只能先下手為強。

同年（西元626年）六月三日，秦王李世民指控太子和齊王淫亂後宮，就是說指控哥哥弟弟和父親的妃子胡來，這可是一個不得了的罪名。高祖李淵氣得要命，下令第二天早朝的時候要讓兄弟三人當面對質，問個清楚。

「玄武門」是宮城的北門，因為這裡是出入皇宮的必經之地，所以也是內庭警衛駐紮的重地。翌日清晨，李世民買通了把守玄武門的將領，在他們的協助下，早早就率兵在玄武門埋伏。不久，太子李建成和齊王李元吉一起來了，兄弟倆來到臨朝殿，看到李世民竟然等在這裡，立刻就察覺到情況不對，趕快調轉馬頭往東宮的方向直奔。李世民一言不發，拍馬就追，並且極端冷靜的張弓搭箭，一箭就射死了哥哥李建成。李元吉見大哥落馬，大為驚慌，急急忙忙也要搭箭來射李世民，可是在驚惶之中弓還沒有完全拉開，箭就已經射出，以至於那支箭射出之後軟弱無力，李世民側身一閃就輕易的閃過。這時，尉遲敬德也已率兵追了過來，解決了李元吉。

慘案發生兩個月後，李淵宣布退位（史書上都說他是被迫退位，大概是想既然李世民可以殺了親兄弟，說不定哪天也會把他這個爸爸給殺了），二十九歲的李世民即位，成為唐朝第二位皇帝，史稱唐太宗。第二年，唐太宗改年號為「貞觀」。後來，大唐王朝在李世民的手上達到前所未有的鼎盛時期，史稱「貞觀之治」。

第58個

魏徵的故事

如果要問中國歷史上最有名的宰相是誰？恐怕很多人都會想到唐太宗時期的宰相魏徵（西元580-643年）。

唐太宗是歷史上一位公認的明君，他最大的特質就是知人善用，其次，唐太宗是歷史上少有的一位能夠「納諫」的

君主（「諫」，就是「直言糾正長輩或上級的錯誤」），因為他總結歷代王朝興衰的經驗教訓，認為一個君主一定要有能夠虛心聽取臣下意見的胸襟和氣度。而在所有臣子之中，誰是最勤於向唐太宗提出建言的呢？就是魏徵；據說唐太宗最欣賞的一個臣子也是魏徵。

其實，從唐太宗重用魏徵，已可看出他的氣度不凡，因為魏徵本來是屬於東宮太子李建成手下重要的文臣。「玄武門之變」以後，有一天，唐太宗把魏徵叫來，故意凶巴巴的質問他：「你為什麼要離間我們兄弟的感情？」意思是指責在東宮和秦王府的爭鬥中，魏徵一定替李建成出了不少主意，結果，魏徵淡淡的說：「太子如果肯聽我的話，絕不會有今日之禍。」這句話真是說得實在，因為早在東宮和秦王府之間的矛盾日益加深之前，其實魏徵就已多次勸說李建成盡早下定決心、盡早除掉李世民，以絕後患，但是李建成並沒有採納。

李世民是一個明理的人，他知道在當時那樣的情況之下，無論是東宮或是秦王府，所有的文臣武將都是各事其主，當然都是要以自己主子的利益為最大考量，這麼一來所思所想自然就都是如何對對手不利，這並沒有什麼錯啊，大家都只是在盡一個臣子的本分而已。其實，李世民早就打好主意要對東宮僚屬一律寬大處理，他早就聽聞魏徵是一個能臣，現在這樣故意嚇唬他，見魏徵毫不畏懼，表現得如此鎮定和淡然，這讓唐太宗更為欣賞，也更加堅定要重用魏徵，立刻提升他為諫議大夫。

魏徵生於北周靜帝期間。父親魏長賢精通文史，博學多才，曾經做過北齊的著作郎，後來因為直諫朝政，被貶為上黨屯縣令。魏徵耿直的性格似乎遺傳自父親，但他為官的運氣顯然比父親要好得太多，因為他碰到的皇上是唐太宗，因此，同樣是經常直諫朝政，父親被貶官，他則益發受到唐太宗的敬重。

由於父親去世得早，所以家道中落，魏徵的少年時期是相當困苦的。但是，他性格堅強，胸懷大志，物質上的匱乏並沒有打擊到他一心向上的鬥志，他仍然努力讀書，對於文史方面的書籍廣泛涉獵，這為他以後從政打下了很好的基礎。

魏徵的青年時期正值隋末動亂不斷的時候，為了避難，他出家當了道士。後來，反抗隋朝的武裝力量四起，在隋大業十二年（西元616年），三十七歲的魏徵因緣際會投到了李密的麾下，主管軍中文書。過了一段時間以後，隨著局勢的變化，又輾轉向李淵投降。

來到長安以後，因為他的才華，被太子李建成招為洗馬。「洗馬」是一個官職，負責管理經籍圖書（不是真的叫他去養馬洗馬），很快的，李建成注意到魏徵善於謀略，在很多事情上都頗為倚重他。

唐太宗一即位，就採納魏徵的意見，定出「偃革興文，布德施惠，中國

既安，遠人自服」的治國方針，也就是「撫民以靜」的政策，讓老百姓好好的休養生息。

由於唐太宗謹記隋朝之所以滅亡的歷史教訓，以「虛心納諫」自我要求和期許，所以貞觀時期君臣之間可以非常誠懇的交流，非常客觀的討論國家大事，唐太宗如果有什麼做得不妥的地方，臣子們也盡可以放心的提醒，不必擔心若皇上聽得不高興，自己就要腦袋搬家；對於臣子的進諫，唐太宗幾乎也都可以做到「從諫如流」，就是按照臣子的意見去修正，還常常獎勵提出好的建言的臣子。這麼一來，當然就更加形成了良性循環，臣子們對於考慮政務自然也就更加盡心。這樣良好的政治風氣在整個封建制度中是非常難得和少有的。

魏徵就是在這樣的環境之下，以「直諫」而名垂青史。在他最有名的《十諫》中，言語之犀利，態度之嚴厲，真是令人驚嘆，比方說，批評太宗奢侈縱欲、心傲志滿、不專心治國等等，太宗居然沒跟他翻臉，也真是不簡單。

魏徵究竟向唐太宗進諫了多少件事？史書記載是，高達兩百多件！

為了期勉唐太宗成為一個真正的好皇帝，魏徵「管」唐太宗的地方還真是無所不包，包括政治、經濟、文化、外交乃至太宗的私生活他都要管，都可能是他勸諫的方向。有一次，唐太宗養了一隻鷂（就是一種凶猛的鳥，模樣有一點像鷹，但是個頭要小一點），太宗對這隻鷂愛不釋手，有一天，太宗正在把玩這隻鷂，魏徵正好來奏事，太宗怕魏徵看到他在玩鷂，又要說他玩物喪志、或者要說他不好好治國之類，於是慌忙把那隻鷂藏在衣袖裡，結果，魏徵看到了，故意不說破，囉囉唆唆奏了很長時間才走，等到他一走，太宗趕快把寶貝鷂拿出來，可是，這隻倒楣的鷂已經悶死了！

這是記載在史書上的故事，充分說明了太宗對於魏徵的敬畏。

當然，太宗也有被魏徵弄得非常惱火的時候，甚至也曾想要處死魏徵，這時魏徵總以隋煬帝就是不肯聽忠臣勸諫終至亡國的例子來說服太宗。據說長孫皇后（「長孫」是複姓）也很支持魏徵，認為太宗能夠容得下這麼一個整天進諫個沒完的臣子，正可向天下百姓證明自己是一個明君（這倒是一點也不假）。

不過，魏徵所勸諫的事情當然都還是很有道理的。譬如，有一次，太宗本來準備征發不滿十八歲的男子當兵，敕令已下（「敕，就是皇帝的詔令」），可是魏徵就是不肯簽署，認為如果太宗不按制度規定的年齡徵兵，是失信於人民，這是極為不妥的。

還有一次，是在西元六三二年，也就是在唐太宗登基之後的六年多，因為經濟好轉，國泰民安，不少官員都建議唐太宗「封禪」，就是去泰山祭天，魏徵卻極力反對，認為好不容易百姓的日子剛剛好過些，皇上應該時時

以百姓為念，避免擾民，封禪只是勞民傷財，大可不必。後來，唐太宗果然也取消了封禪的計畫，由此也可見唐太宗對魏徵的信任。

在盡心盡力、兢兢業業的操勞了十七年以後，魏徵病逝，享年六十四歲。魏徵去世以後，唐太宗感到非常惋惜，經常追思不已，並說了那句非常有名的話：「夫以銅為鏡，可以正衣冠；以古為鏡，可以知興替；以人為鏡，可以明得失。朕常保此三鏡，以防己過。今魏徵殂（「死亡」的意思）逝，遂亡一鏡矣！」從唐太宗這樣的感嘆，就可以看出魏徵在他心目中的分量有多重了。

第59個

玄奘的故事

《西遊記》是中國古典小說四大名著之一，書中的主要人物有一個是真實的人物，就是說在歷史上是確有其人，你知道是誰嗎？

當然不可能是孫悟空，也不可能是豬八戒、沙悟淨或是小龍馬——對了，是唐三藏嘛！

看過《西遊記》，你對唐三藏的印象如何？

膽小、昏庸、是非不分，老是冤枉孫悟空、動不動就念緊箍咒胡亂處罰孫悟空，最有名的一個段落大概就是戲曲中的〈孫悟空三打白骨精〉了，在《西遊記》中這個段落叫作〈屍魔三戲唐三藏，聖僧恨逐美猴王〉，還有，唐三藏的肉很好吃，又有奇效，只要吃一口就可以長生不老，所以在師徒四人往西天取經的路上，各路妖怪總是一想到唐三藏就流口水，拚命想盡辦法要吃唐三藏。

那麼，真實的「唐三藏」到底是一個什麼樣子的人呢？

《西遊記》的作者吳承恩（約西元1504-1582）是明朝人，全書所描寫的唐僧取經的故事，原型就是唐代歷史上玄奘取經的故事。也就是說，玄奘就是書中「唐三藏」這個人物的原型，只不過真實歷史上的玄奘是一個了不起的人物，僅憑一己之力就完成了西天取經這樣的壯舉。

玄奘出生於西元六〇〇年，是洛州（今天的河南）人。俗名陳褘。「褘」這個字有兩個讀音和意思，一個是指古時王后在祭祀的時候所穿的衣

服；另一個是「美好」的意思。他的家庭背景不錯，父親做過縣令。玄奘是一個早慧型的孩子，從小就非常的聰慧好學，還很有慧根，小小年紀就對佛教產生極為濃厚的興趣，結果十二歲就出家了！

從這個時候開始，他就有了「玄奘」這個法名。

玄奘非常好學，而且絕不是「小和尚念經，有口無心」，他總是用心研讀、用心思考，不懂的地方就很積極向大德高僧求教。大德高僧們都很喜歡他。

唐朝統一以後，玄奘進長安，繼續用功佛學。唐代的長安，是今天的陝西西安，從他的家鄉（今河南偃師縣東南）到長安可是非常遙遠，但是年紀輕輕的玄奘一點也不怕。當然，對照他日後西天取經來說，這只是小巫見大巫而已。

待在長安期間，由於玄奘非常勤奮好學，對佛理的理解也遠比大多數人要來得深刻，竟然還贏得了一個「釋門千里駒」的稱號。

可是，玄奘自己卻愈來愈覺得，不管自己多麼專心致志的研讀佛法，總是有很多解釋不清的地方。究其原因，玄奘認為是因為漢語的佛學典籍太少的緣故。因此，萌生了去西天取經的宏願，來充實漢語佛學典籍不足的念頭。

在貞觀三年（西元629年）的春天，二十九歲的玄奘從長安沿著絲綢之路往印度出發了。這段行程長達萬里，以今天看來都還相當遙遠，何況是在一千多年以前！一般人恐怕是連想都不敢想的，可是玄奘不但敢想也敢做，這需要多大的勇氣以及多麼堅強的毅力啊！根據日後由玄奘口述，他人執筆的《大唐西域記》中顯示，玄奘在前往西天取經的路上，一共親自到過一百一十個國家，此外還聽別人描述過二十八個國家。玄奘實在是一個偉大的旅行家。

在經歷了種種的艱難險阻，就算沒有「九九八十一劫難」，大概也差不多了！——玄奘終於來到了印度著名的「那爛陀寺」。這是當時印度（應該說也是全世界）佛教的學術中心。

玄奘在這裡潛心學習了五年，基本上通曉了全部的經典，佛學造詣更加精深。他的努力，使他成為一個偉大的佛學家。

貞觀十九年（西元645年），玄奘帶著大批「行李」回到了長安，距離當年出發前往西域已過了十幾年，當年玄奘只是一個青年，現在則已經四十五歲了。所謂「行李」，當然就是遠從印度帶回來的佛學典籍，一共有六百五十七部，是用了二十匹馬馱回來的。

玄奘歸來自然是一大盛事。但是，玄奘並沒鬆懈，而是馬上投身另外一項壯舉，那就是——要把帶回來的典籍統統翻譯出來！

想想看，六百五十七部梵文典籍，統統都要翻譯成漢語，這是一項多大的工程！

為了要完成這個任務，在長安的弘福寺特別設置了一個規模宏大的「譯場」，分工既專業又明確，在此之前，是不曾見過有這樣壯觀的翻譯場面。玄奘當然就是負責的人。玄奘同時精通漢語和梵語，他的翻譯往往能夠出口成章，但是在負責整體的翻譯工作上，他仍然抱持著非常嚴謹的態度，不眠不休的反覆推敲。根據史料記載，玄奘開創了佛譯的新階段，也創造出中國佛教翻譯史上一個「前無古人，後無來者」的驚人紀錄，竟然先後譯出佛經七十五部，一千三百三十五卷；他是一個偉大的翻譯家。

此外，玄奘也把中國經典讀物《老子》翻譯成梵文，使老子的思想得以遠播。再加上《大唐西域記》一書自然而然的保留了七世紀印度以及西域等地許多寶貴的資料，包括西域各地的風土人情、宗教、文化、哲學、歷史、地理等等，一直到現在都還是研究中國西北、印度、中亞、尼泊爾、巴基斯

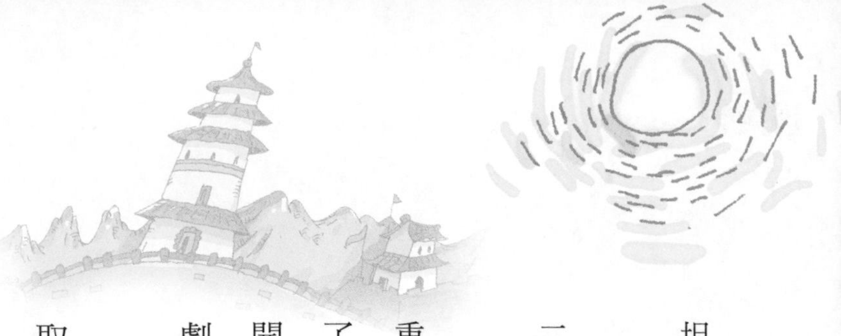

坦等地的珍貴文獻，玄奘在無形之中成了一個偉大的中印文化交流的使者。

唐高宗麟德六年（西元664年），玄奘在從西域歸來以後，度過了將近二十年認真勤奮的歲月，與世長辭。終年六十四歲。

綜觀玄奘傳奇又偉大的一生，實在是太特別了，因此歷史上已經為他重重的記上了一筆，譬如《舊唐書》等。唐朝以後，玄奘的故事更是很快進入了「民間傳說」，開始廣泛的在民間傳播。接下來，各式各樣的藝術創作也開始以玄奘的故事作為發揮，譬如晚唐五代的壁畫，宋、金、元的戲文和雜劇等等。漸漸的，玄奘的故事就出現了更戲劇化、更神話的色彩。

「孫悟空」這個角色並不是吳承恩的發明，在說話藝術中的《大唐三藏取經詩話》、《西遊記平話》中就已出現過類似的情節，應該說吳承恩的《西遊記》是綜合了過去幾百年間所有有關玄奘的民間傳說的大集合，然後更凸顯了「孫悟空」這個家喻戶曉的人物。

一個凡人，居然能夠有那麼多的傳說流傳在世，只能說這個人實在是太神了！

第60個 文成公主的故事

宏偉壯觀的布達拉宮是西藏標誌性的建築，這座建築始建於西元七世紀，是一千多年前唐朝與吐蕃和親這段歷史的見證，也是文成公主所留下的歷史足跡。不過，最原始的建築後來毀於戰火，我們現在所看到的布達拉宮是在西元十七世紀經過兩次擴建而成的。

目前西藏人的祖先就是吐蕃，生活在青藏高原一帶，從事農業和畜牧業。西元七世紀初，松贊干布即位為吐蕃的贊普（就是吐蕃國王）。松贊干布是一個厲害的角色，驍勇善戰，率軍統一了青藏高原上的許多部落，建立了一個以邏些（今天的拉薩）為中心的王國。於此同時，唐朝正是太宗在位，經濟繁榮，文化發達，周邊許多少數民族都紛紛遣使來唐，稱臣納貢，並以能夠與唐朝宗室聯姻為榮。而唐太宗為了保持社會穩定，也大力推行和親政策（至少大家做了親家以後，應該就不會輕易起什麼戰端了），唐太宗把自己的妹妹衡陽公主嫁到突厥，又把弘化公主嫁給吐谷渾可汗，有效建立了唐朝與突厥以及吐谷渾之間的友好關係。

貞觀八年（西元634年），吐蕃也派使者來唐朝訪問，這是歷史上漢藏兩族發生政治接觸的最早紀錄。松贊干布聽了使者回來以後的報告，對於唐朝的禮樂文化非常羨慕，又聽說突厥、吐谷渾都娶了唐朝的公主，遂萌生了「我也要！」的想法，於是在四年後，正式遣使攜帶了珍寶來向唐朝求婚。

不知道是什麼原因，一開始唐太宗並沒有答應，吐蕃使者大概是怕求婚

失敗回去以後難以交差，竟謊稱都是因為吐谷渾從中挑撥，與唐朝的婚事才會告吹。這個松贊干布看來也是一個火爆浪子，一氣之下，竟然發兵去攻吐谷渾（吐谷渾可真倒楣），另一方面，松贊干布還是不死心，再度遣使來唐，表示想娶唐朝的公主，不過，這一次松贊干布大概是正在氣頭上，態度不像上一次那麼客氣，求婚時竟然語帶威脅，說如果太宗拒絕，他就要率兵來攻。更要命的是，話才剛講完呢，這個急性子還真的就已經打來了（好可怕的求婚者啊）。

唐太宗當然也不是省油的燈，馬上派兵反擊。松贊干布看到唐朝大軍個個雄壯威武，來勢洶洶，知道自己不是對手，馬上「識時務者為俊傑」，自動退兵，然後派使者到長安來謝罪，並且第三度請求想要娶唐朝的公主！唐太宗或許是看這個求婚者這麼堅持，這回總算是同意了。

接下來，就是要為松贊干布物色一個新娘。這個新娘就是文成公主。不過，和西漢時期王昭君類似的是，文成公主本來也並不是皇室的公主，不過，她是一個宗室之女，是為了要與吐蕃和親所以被封為公主。

西元六四〇年，松贊干布派宰相祿東贊來唐，向太宗進獻黃金五千兩以及數百件珍玩作為聘禮。翌年，文成公主在禮部尚書江夏王李道宗的護送下離開長安，前往吐蕃。他們辛辛苦苦的西行了大約三千里，終於來到了雪域高原。松贊干布親自率軍遠行至柏海（今青海瑪多縣境內）迎接，並且在距離黃河源頭不是太遠的扎陵湖和鄂陵湖畔，建起「柏海行館」，這對異族夫妻就在這裡度過了他們的洞房花燭夜。

接著，他們再繼續西行。當文成公主抵達拉薩的時候，受到吐蕃百姓們非常熱烈的歡迎。根據歷史記載，太宗為文成公主準備了非常豐富的嫁妝，包括釋迦佛像，珍寶，金玉書櫥，三百六十卷經典，各種金玉飾物，各種烹飪食物以及種子，同時，隨行人員中除了奴婢，還有一批文士、樂師、農技

人員以及各種工匠。可以說，文成公主入藏，大大促進了吐蕃經濟和文化的發展，對於改變吐蕃落後的情況產生了明顯的幫助。

過了九年，西元六五〇年，在松贊干布和文成公主的請求下，大唐王朝的冶金、紡織、製陶、碾米、造紙、製墨、釀酒、建築等技術開始輸入吐蕃。文成公主甚至還協助創制了文字；吐蕃本來是還沒有文字的。從此，吐蕃有了文字紀錄，對於推動吐蕃的文化發展具有重大的意義。

由於文成公主所帶來的書籍，也激發了吐蕃貴族想要學習唐王朝文化的熱情，於是，松贊干布開始派遣貴族子弟到長安來學習漢族的《詩》、《書》等等（以今天的話來說，就是來唐朝「留學」）。

此外，文成公主所帶來的一個樂隊，不但是唐樂首度進藏，樂隊中五十幾件彈撥樂器，對藏樂也產生了深遠的影響；這些樂器一直被藏民視為無價之寶，歷代相傳，據說到現在還珍藏在大昭寺裡。

大昭寺是由文成公主親自擔任顧問所興建的，所以也有飛檐、石獅等等，和唐寺的建築風格相當接近。大昭寺建成，文成公主親自在寺前種了幾棵柳樹，吐蕃人民稱之為「唐柳」或「公主柳」。

後來，文成公主又建小昭寺。佛教從此就慢慢在西藏流傳。松贊干布為文成公主所建的布達拉宮，富麗壯觀，宮室就多達一千間。後來十七世紀擴建的布達拉宮，氣勢恢弘，占地十二多萬坪，主樓十三層，高一百多公尺，至今仍保留了文成公主、松

贊干布等人的彩色塑像以及許多珍貴的壁畫，其中有不少都是描繪當年文成公主入藏時的故事。

文成公主對西藏的影響是方方面面的。再舉兩個例子。西藏人民所喜愛的食物青稞，是從文成公主當年帶來的小麥種子不斷變種而來；此外，從前吐蕃不但沒有文字，也沒有曆法，文成公主所帶來的天文曆法書籍，把漢族的干支計時法傳入了西藏，促使吐蕃得以參照漢曆也創造了藏曆，這對於以後藏族的農牧業發展產生了很大的幫助。

文成公主自入藏到後來去世，在西藏一共生活了四十年。在這一段不算短的歲月中，文成公主深受百姓的愛戴，後來，藏族人民為了表達對文成公主深深的懷念，就把她入藏的那一天——藏曆四月十五日，作為公主誕辰的紀念日。

第61個

一代女皇武則天

武則天（西元624-705年），本名曌，祖籍是並州文水（今山西省文水縣東）。是中國歷史上第一個、也是唯一的一個女皇帝。

關於武則天的影視作品很多，不過影視作品為了追求畫面上的效果，對於人物的年齡往往是失真的，至少武則天在登基為皇帝並把「唐」這個國號改為「周」的時候已經六十七歲了，絕不是影視作品中所呈現的那般年輕貌美。

不過，自西元六九〇年稱帝，到西元七〇五年退位，表面上看來武則天做了十六年的皇帝，但實際上她是掌權了將近半個世紀之久。

武則天的一生，確實非常傳奇。她原本出身寒門庶族，父親在隋末跟著李淵起兵反隋，到唐太宗的時候終於有機會出任了工部尚書、荊州都督等官職。西元六三七年，由於長孫皇后過世，在大臣們的建議下，唐太宗舉行了一次全國性的選美，武則天就在這個時候被召進了宮，被立為「才人」，賜號「武媚」（正好與「嫵媚」一詞同音，武則天想必是長得相當漂亮）。這一年，武則天十四歲。

封建時代，皇帝後宮佳麗的等級也是很多的，「才人」只是相當低的一級。太宗雖然滿喜歡武則天，但是在他去世之前，武則天侍奉了太宗十二年，太宗卻始終沒有把武則天「升級」，武則天一直就只是「才人」，據說是因為太宗很早就覺察出武則天天資聰穎，頗有見識，性格又非常剛毅果斷，與一般只會成天打扮得漂漂亮亮的女人有很大的不同，因此有意限制她的「發展」。

有一件事很能反應出武則天的性格。就在武則天進宮後不久，西域進貢了一匹寶馬，名叫「獅子驄（指毛色青白相雜的馬）」，號稱能夠日行千里，問題是這匹馬性烈難馴，看得了、騎不了，多少年輕力壯的勇士跳上馬，但很快就都被甩了下來，甚至傷筋動骨，慘叫連連（光是看這匹馬居然是用「獅子」來命名，似乎就可想見牠有多彪悍了）。這時，武則天上前對太宗說：「只要給我三樣東西，我一定可以馴服這匹寶馬！」哪三樣東西呢？——一根皮鞭、一把鐵鎚和一把鋒利的刀子。

原來，武則天的意思是，先用皮鞭把這匹不聽話的馬打得皮開肉綻，還不聽話，就用鐵鎚敲牠的腦袋，最後，如果這樣還不能制服牠，那就乾脆用刀子把牠的喉嚨割斷算了！

太宗沒想到一個少女居然能說出這麼凶狠的話，據說從此就對武則天有了戒心。另一個說法是太宗從此有意疏遠武則天。武則天這個時候畢竟年紀還小，如果她知道此舉居然會引發太宗對她的戒心，相信她是怎麼樣也不會多話的。

不過，太子李治見到武則天，卻對她一見傾心。甚至在西元六四九年，太宗駕崩以後（太宗享年五十一歲），武則天遵照後宮規矩，和眾嬪妃都被送到感業寺，剃掉頭髮、當了尼姑以後，唐高宗（就是李治）都還是對她念念不忘，因而經常去感業寺探望她。

不久，這個事被王皇后知道了，王皇后非但不生氣，反而想了一條計策；原來，王皇后沒有生育，偏偏高宗當時頗為寵愛蕭淑妃，這讓王皇后非常妒恨，深恐蕭淑妃會威脅到自己的地位，便想利用武則天來分散高宗的注意力，進而達到打擊蕭淑妃的目的。於是，西元六五四年，三十一歲的武則

天（在古代這個年紀已經很老了）突然時來運轉，先接到王皇后的指令，要她祕密蓄髮，然後王皇后又慫恿高宗把武則天接回宮中。

能夠不必再當尼姑，能夠再度入宮，武則天對於這樣的天賜良機一定是倍感珍惜。這一次，她不是小女孩了，不會再亂說話了。她小心翼翼，盡可能以謙卑無比的態度對人，很快就贏得了人心，特別是還贏得了高宗的歡心，不久就被冊封為「昭儀」。這個等級比當初的「才人」已經高出許多，但是武則天當然不會滿足；這個時期，她的目標是要當皇后。

對付蕭淑妃比較簡單，但是在封建時代，廢太子、廢皇后都不只是皇帝的家務事，同時也是國家大事，所以武則天用了很多手段來對付王皇后。她先是誣告王皇后殺死她的女兒，又誣告皇后同她的母親用巫術來詛咒皇帝，高宗信以為真，竟然真的想要廢除王皇后，儘管大臣長孫無忌、褚遂良等等都極力阻止，可是高宗都不聽。

西元六五五年，也就是在武則天離開感業寺一年左右，高宗就下詔廢王皇后，立武則天為皇后（想想武則天也真夠有效率的）。

貴為皇后以後，武則天就已開始公開參與朝政，權勢日重。將近十年以後，西元六六四年，高宗愈來愈感到自己無權，愈來愈不滿，就與上官儀等大臣密謀要廢掉皇后，不料事機不密，被武則天察覺，及時將之破局，上官儀下獄，後來還被處死。從此，每逢高宗上朝，武則天就在後面垂簾聽政，朝中大權全被皇后把持，群臣甚至開始將帝后二人稱為「二聖」。

武則天生了四個兒子，依次為李弘、李賢、李顯和李旦。不過，由於權力欲太大，使她連自己的親生兒子也容不下。首先，太子李弘因為非常仁孝，監國時甚得民心，高宗甚至表達過想遜位於太子（反正高宗這個皇帝一定也是當得沒什麼意思了），這使得武則天非常忌恨，竟毒死了李弘。李弘死後，次子李賢為太子，高宗又命李賢監國，而李賢同樣受到大臣們的擁戴，這下他也慘了，又被母親廢了（幸好還保住了一條命）。接下來，武則天立第三子李顯為太子。

弘道元年（西元683年），高宗駕崩，李顯即位，史稱唐中宗。其實李顯比較柔弱，則天太后臨朝稱制，照說中宗不會礙到武則天什麼事，但是中宗只在皇帝寶座上坐了兩個月，就被廢為廬陵王。武則天改立小兒子李旦為皇帝，史稱唐睿宗。

戴初元年（西元690年），睿宗又被廢了。不過，也許是武則天再沒有

別的兒子可以當她的傀儡，也或許是武則天覺得這樣立來立去、廢來廢去實在很麻煩，乾脆自己來吧！於是就在這一年，武則天自稱「聖神皇帝」，還改國號為周，建都洛陽，史稱武周。

客觀來說，武則天的施政能力還是相當不錯的，在她實際掌權的近半個世紀中，不但海內富庶，版圖擴大，也使唐太宗貞觀時期所取得的統一和強盛得到了更進一步的鞏固，也為後來唐玄宗的「開元盛世」奠定了堅實的基礎。

神龍元年（西元705年），張柬之等發動宮廷政變，逼武則天還政於中宗，尊號為「則天大聖皇帝」。同年冬天，武則天就過世了，享年八十二歲。辭世前，她留下遺詔，說要去帝號，要大家以後還是稱她為「則天大聖皇后」。

第62個

開元盛世

武則天在臨死前雖然已被迫還政於中宗，但是在她死後足足有七、八年的時間，政局一直動盪不安。問題主要還是來自於宮廷鬥爭。

西元七一〇年的一個夏夜，中宗李顯與妻子韋后和女兒安樂公主在一起吃了一頓豐盛的晚飯，飯後卻立刻被母女倆聯手毒殺（真是「最後的晚餐」啊）。韋后幹麼要毒殺親夫？原來，她想做武則天第二。可惜，她雖然「志

向遠大」，能力卻不夠，所以很快就惹來殺身之禍。發動政變的是武則天的女兒太平公主，以及武則天的孫子李隆基（他的爸爸就是曾經在武則天的操控下做過六年皇帝的睿宗李旦）。

政變成功之後，李旦在兒子的擁護下，又回鍋當上了皇帝，二十六歲的李隆基也被封為太子。然而，李旦雖然再度坐上了皇位，卻馬上就感覺到這個龍椅實在是很不好坐，因為太平公主頗有乃母之風，顯然也是一個權力欲很強的女人，李旦覺得自己可能鬥不過她，想想這個皇帝實在是不做也罷，還不如躲在宮裡過舒服日子、把這個棘手問題丟給兒子去處理算了，兒子雖然比較年輕，但是看來很能幹，相信他一定能夠應付的。於是，睿宗僅僅只又坐了兩年左右的皇帝，就宣布將皇位讓給李隆基。西元七一二年，李隆基登基，史稱唐玄宗。

玄宗登基以後，和太平公主之間的明爭暗鬥並沒有停止。不過，年紀輕輕的玄宗很沉得住氣，面對太平公主的咄咄逼人，經常是採取暫時退讓的方式，一直等到自覺帝位已經鞏固了以後，也就是在登基的第二年，才發動猛烈反攻，不但一舉把太平公主及其黨羽一共數十人全部都殺了，所有依附太平公主的官吏也全部被罷黜。到這個時候，太平公主的勢力全部被剷除，動盪的政局也才終於穩定下來。玄宗掌握了所有的大權。

其實，不管是韋后或是太平公主，她們的失敗是不難想見的。首先，不是每一個有權力欲的女人都會是武則天，武則天還是相當有能力的，施政也有不少可取之處，不像清朝的慈禧太后，光是權力欲很重卻沒有能力，以至於禍國殃民；其次，武則天去世還沒有多久，有她這麼一個例子在前面，不管是皇室或是文武百官，自然都會密切提防留意大唐王朝會不會又出第二個武則天，所以，能力一般的韋后和太平公主在宮廷鬥爭中，可以說根本很難有取勝的希望。

在穩定了政局以後，玄宗就開始勵精圖治。他很注重任人唯賢，在他統治前期所任用的宰相，大都成了有名的政治家。

玄宗所提拔的第一個宰相就是姚崇，這是歷史上一位有名的賢相。姚崇上任之初，就為玄宗提供了很多建言，譬如：廣開言路（就是要多聽各方的意見）、獎擢諍臣（諍，是直言糾正別人的過失，意思就是說皇上絕不能只聽好聽的話，對於那些能直言指出自己過錯的臣子要獎勵和拔擢，如此才能創造出一片政治清明的氣象）、勿使宦官專權、勿使皇親國戚專權、除租稅外不得接受餽贈等等。玄宗在位早期，確實大體都是按照姚崇這些建言用心的去做。

另外一個賢臣叫作宋璟。宋璟為人正直，非常堅持原則，頗有唐太宗時期的名相魏徵的風格，經常直言犯諫，據說玄宗對他又敬又怕。在姚崇、宋璟等人的盡心輔佐之下，玄宗進行了一系列的政治革新。比方說，精簡官僚機構，裁減數千名冗官，健全監察機構，嚴格選拔官吏制度，賞罰分明等等。玄宗並且以身作則，倡導節儉的風氣，比方說，規定後宮自后妃以下，不准穿錦繡珠玉；把皇室許多貴重的金銀玉器銷毀，再重新製作成有用的物品。

此外，玄宗也非常注意興修水利，發展農業和經濟。開元初年，全國無所依靠的流民人數數量還非常巨大，玄宗為了解決這個嚴重的社會問題，採取了一連串的措施，下令清查全國的戶口和土地，然後安置逃亡人口，將籍外土地重新分給農民耕種，這樣就有效打擊了豪強地主的兼併活動，也增加了國庫的收入。

由於玄宗即位之後，一連串的改革措施非常的有成效，使得開元時期政治清明，百姓富庶，國力強大，社會繁榮昌盛，唐朝達到了鼎盛時期，史稱「開元之治」。

唐朝的富庶繁榮，甚至連鄰國都注意到了，從開元五年開始，日本就每年都派出遣唐留學生來唐朝學習。

開元時期的長安（今天的西安，但是今天的西安只是唐朝長安規模的七分之一），更是當時全世界最大的一個城市，擁有百萬人口。同時，長安還是當時的國際文化中心，因為唐朝不僅商業發達，對外貿易也非常興盛，往來於唐朝和波斯、天竺、大食等地的商船絡繹不絕，長期居住在長安的外國使節、商人、僧侶和留學生都是數以萬計。

長安不僅商業發達，文化氣息也非常濃厚；人文薈萃就不用多說了，我們光是看看皇家圖書館也就可以知道唐朝是多麼的注重文化。本來經過南北朝時期長期的動亂，許多文物典籍都已在戰亂中消失，玄宗下令招募人才，整理和編寫圖書，一共著錄了五萬多卷，撰寫的也有將近三萬卷，並且按經、史、子、集四類分門別類的收藏，藏書之多，遠超過以往任何一個時

代。古今中外，只有在國力強盛的時候才會（或者說才有餘力）注重文化，因此也可看出開元時期強盛的程度。

可惜，這樣了不起的開元盛世，僅僅只維持了二十幾年就消逝了。

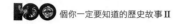

第63個 安史之亂

唐玄宗在位四十五年，唐朝是在他的手上達到鼎盛，但也是在他的手上開始衰敗。

在開元盛世的時候，玄宗是一個難得的明君，萬人稱頌和景仰，但是，長期的繁榮昌盛使得玄宗漸漸也失去了以往奮發向上的精神。

西元七三六年，由於所寵愛的武惠妃去世，五十二歲的玄宗整日鬱鬱寡歡。就在這一年，楊玉環——就是後來的楊貴妃進宮。其實她本來是玄宗的

兒媳，但是她體態豐豔，風情萬種，又通曉音律，能歌善舞，玄宗一見到她就被迷住了，於是，不顧世俗「亂倫」的指責，竟然就這樣霸占了兒媳，並且就像唐朝大詩人白居易後來在《長恨歌》中所描寫的那樣，從此「後宮佳麗三千人，三千寵愛在一身」，意思就是說，雖然後宮漂亮的女子那麼多，但是玄宗從此誰也不愛，就愛一個楊貴妃。

六年以後，西元七四二年，玄宗將年號從「開元」改為「天寶」。後世史家認為，這是玄宗一生一個標誌性的事件，其實，在開元末期，玄宗的種種頹勢已經可以看出端倪，但是當時畢竟還有韓林、張九齡等賢相，玄宗還不至於太過分，等到這兩個賢臣被廢，奸滑卑鄙的李林甫入相，並且獨掌大權以後，朝廷的風氣很快就發生了很大的變化，正直有為的大臣一個一個的遭到排擠，懂得如何逢迎拍馬的小人則紛紛當道。當然，這些小人又都是圍繞著李林甫打轉。

後來，玄宗又愛屋及烏，由於寵愛楊貴妃，便把楊貴妃能力平庸的哥哥楊國忠也提拔為相，朝政更加混亂不堪。影響所及，自然就是繁華不再，取而代之的是社會問題開始層出不窮。

首先是均田制的瓦解，使民戶大量縮減，朝廷費用卻大量增加，使得財政危機一天比一天嚴重，可是當朝官員不能設法從根本來解決問題，反而短視近利，只顧眼前，肆無忌憚的橫征暴斂，居然曾經一次預徵了三十年的租賦！諸多類似這樣離譜的舉措，不用說必然是招致了百姓深切的痛恨。

接著，是自從募兵制實施以後，軍隊裡充斥著大量的流氓無產者，實際上卻毫無戰鬥力。

但於此同時，玄宗卻還想繼續發展自己的「武功」（就是皇帝在軍事上的豐功偉業），竟然發動了很多缺乏正當理由、毫無必要的戰爭，唐朝過去與周邊吐蕃、南詔、契丹等民族之間的友好關係蕩然無存，過多的戰事也加深了百姓們的負擔和痛苦。

更嚴重的問題還在於擁兵自重的地方勢力正在悄悄的茁壯，成為威脅大唐王朝的一大隱憂。唐初朝廷都會定期輪調邊鎮守將，使將領不會在某一個地方戍守太久，這樣自然就可以避免將領扎根過深進而擁兵自重，可是到了玄宗統治後期，因為他荒於政事，造成戍守邊關的將領往往在同一個地方連任十多年都沒有調動，有的甚至還兼任了節度使，這麼一來，這些將領既有土地、人民、財賦，還有軍隊，勢力就更大了。

後來引發「安史之亂」的胡將安祿山，就是這樣在同一個地方擔任將領一當就是十幾年，而且他一個人還身兼三鎮節度使（唐朝總共也就只有十鎮節度使）。

安祿山能夠被如此重用，跟李林甫很有關係，因為，就是李林甫建議玄宗不妨重用胡將的，說胡將英勇善戰，最適合戍守邊關，實際上私心很重

的李林甫是受了安祿山的賄賂，同時又認為反正胡將的文化水平都不高，必然會牽制其仕途發展，這樣將來在朝廷裡能跟自己競爭、能威脅到自己地位的人就會很有限。玄宗沒有仔細考慮，便採納了李林甫的建議，陸續提拔了安祿山、哥舒翰、高仙芝等胡將，藩鎮就這樣漸漸被胡人所控制。

安祿山，本性康，營州柳城（今遼寧昭陽縣南）胡人。在他很小的時候，父親就死了，他隨母親改嫁到突厥將軍安波至的哥哥安延偃的家中，於是改姓安。安祿山沒有讀過書，不會寫漢字，卻會說六種少數民族的語言。開元初年，安延偃帶著他投歸了唐朝，在幽州節度使張守珪的部隊裡做事。張守珪見安祿山很聰明，作戰時又很英勇，很欣賞他，就收他為養子，並推薦給朝廷。

天寶元年，御史中丞張利貞到河北巡視，安祿山拚命拍張利貞的馬屁，又拿出很多錢財收買張利貞身邊的隨行人員，不久，當張利貞回到京城入朝奏事時，就讚美安祿山很有才幹，玄宗就任用安祿山為平盧節度使兼柳城太守，於是安祿山從這個時候開始也有了入朝奏事的機會，他就把握機會把逢迎拍馬那套把戲好好的大加發揮。

安祿山真的很肉麻。比方說，他長得很白很胖，玄宗問他：「你的肚子那麼大，裡頭都裝些什麼啊？」他會誠惶誠恐的回答：「不敢有別的，有的只是對陛下的一片赤誠之心。」還有，四十五歲的他明明比二十九歲的楊貴妃大很多，可是他居然拜楊貴妃為乾媽！又如，知道玄宗和楊貴妃喜歡歌舞，就投其所好也學習歌舞，然後討他們的歡心……

（唐玄宗至今仍被藝人尊為「梨園祖師」，就是因為他曾經在一個叫作「梨園」的地方建立了一個戲曲活動中心，親自培訓了宮廷樂伎子弟三百人。）

安祿山在玄宗和楊貴妃的面前總是裝著很單純、很天真，好像沒有什

麼心機的樣子，實際上他的心機才深呢！他一方面用財物拚命巴結李林甫等人，另一方面絞盡腦汁、費盡心機的跟玄宗和楊貴妃打成一片，到最後，他居然可以自由進出皇宮就像是回家一樣！和玄宗接觸多了，再加上手頭所掌握的權力愈來愈大，本來就野心勃勃的安祿山自然也就益發的圖謀不軌起來……

其實，太子李亨和楊國忠等人早就察覺安祿山有謀反之心，多次勸玄宗要加以注意，但是玄宗似乎已經徹底糊塗了，根本不在意，也不相信。天寶十四年（西元755年），安祿山以討伐楊國忠為名，率領十五萬大軍從范陽起兵反唐，史稱「安史之亂」。

「安史之亂」前後持續了八年。在第二年（西元756年），發生了兩件大事：一，唐玄宗帶著楊貴妃往西逃竄，路過馬嵬坡的時候，因為護駕士兵騷動，唐玄宗不得不把楊貴妃賜死，以平息士兵眾怒；二，太子李亨在靈武

（今寧夏靈武西南）即位，史稱唐肅宗，把還逃難在外的唐玄宗尊為「太上皇」，唐玄宗就麼糊里糊塗的被迫退位了。

「安史之亂」歷經了玄宗、肅宗和代宗三代。是大唐王朝由盛而衰的轉折點，從此，唐朝就迅速走向衰落。

第64個

詩聖杜甫與詩仙李白

歷史是延續性的，儘管秦朝非常短命，可是在秦朝所打下的很多基礎，對於漢朝（西漢）的盛世還是產生了很大的推動，同樣的，也相當短命的隋朝對於接下來的唐朝也提供了很重要的興盛基礎。近

代很多史家都有一種看法，那就是在討論漢唐盛世的時候，似乎不能忽略了秦朝和隋朝、特別是秦始皇和隋文帝在無形中所產生的影響。

凡是盛世，文化必然是比較發達。唐代文化的繁榮，可以說達到了當時世界文化發展的高峰，而詩歌在唐朝更是處於前所未有的黃金時期。其中詩壇最傑出的兩位詩人就是被後人尊稱為「詩仙」的李白（西元701-762年），以及「詩聖」杜甫（西元712-770年）。

李白，字太白，號青蓮居士，祖籍隴西成紀（今甘肅秦安）人。他的詩文，被後人輯集成《李太白全集》。他出身於富商之家，五歲時隨父親遷居四川，十八歲時隱居大匡山發憤讀書，同時他也很熱中於神仙道教以及劍術。二十四歲的時候，李白開始離家漫遊，一邊遊山玩水，一邊也與許多文人交友，很快就因才華出眾而聲名遠播。二十七歲，他成家了。這一年，他同時也認識了郭子儀（就是日後平定「安史之亂」的主將）、孟浩然（也是

一個大詩人）、吳筠（當時的道家高人）等等。據說後來吳筠向唐玄宗推薦李白，玄宗就三下御詔，宣李白入京做官。

李白來到長安的時候是四十二歲。一開始，唐玄宗還是相當賞識他的，讓他供職翰林院，君臣之間也有不少佳話，其中最有名的大概就是「力士脫靴」這個故事了（別誤會，不是說有一個大力士來替李白脫靴子，「力士」指的是當時一個很吃香的宦官，名叫高力士）。

那是有一天，唐玄宗和楊貴妃正在賞花，一起創作了一首曲子，急需填詞，玄宗就命人去找李白。大家東找西找，最後終於在一家酒樓找到醉得不省人事的李白。宦官高力士讓人乾脆把李白就這樣抬到宮中去覆命。唐玄宗看到李白醉成這樣，也過來幫忙扶他，讓李白躺在玉床上，楊貴妃親自為李白調醒酒湯，李白醉醺醺的把腳伸給站在身邊的高力士，高力士就單腿跪地為李白脫掉靴子，讓他得以舒舒服服的躺在床上。過了好一會兒，李白睡飽了，酒也醒了，提起筆來就寫下「雲想衣裳花想容，春風拂檻露華濃……」（《清平調三章》），唐玄宗看了非常高興。

可惜，不久李白就遭到權貴的排擠，他在長安只待了三年，離開長安之後，李白繼續漫遊，在洛陽遇到了杜甫。

「安史之亂」爆發以後，李白愛國心切，立刻從軍，入永王璘幕府，沒想到沒過多久就因永王璘圖謀割據，李白也被牽連入獄，多虧郭子儀力保才免遭死刑，被流放至夜郎。李白晚年流落江南，靠他人接濟為生，後患病而死。

李白的驚世才華，可以說無人可比，被譽為是中國歷史上最偉大的浪漫主義詩人。「君不見，黃河之水天上來，奔流到海不復還……」、「飛流直下三千尺，疑是銀河落九天」、「抽刀斷水水更流，舉杯澆愁愁更愁」等等都是他的千古名句。

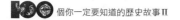

杜甫，字「子美」，祖籍是襄陽，自稱「少陵野老」。史書說他出生在一個「奉儒守官」的家庭，其中這個「儒」指的就是儒家思想。

杜甫是一個神童，從小就手不釋卷，很喜歡讀書，而且很小就開始動筆，他在七歲的時候就能作詩了！九歲的時候能書大字，十四歲就已經能和文士（當然都是一些成年人）「相應酬」，意思就是說，當他還在少年時期就已經能夠參加一些文人的活動，和這些文人在一起吟詩作對；他的才華，不難想見，也難怪他會寫出「讀書破萬卷，下筆如有神」的名句。

杜甫也很喜歡到處漫遊。西元七三五年，杜甫二十四歲的時候，曾赴京趕考，沒考上，以後就再沒有考過。緊接著他又再次出遊。基本上，在杜甫三十五歲以前，一直是過著這種四處漫遊，寫意中也帶著辛苦的生活（因為他也曾在長安困頓過一段不算短的日子），而在他三十五歲以前，正是唐代的開元盛世，杜甫在遍遊大唐王朝大好河山的時候，寫了大約一百三十餘首詩作來歌頌王朝，並抒發壯志。

西元七四七年，杜甫三十五歲，朝廷在選賢的時候，杜甫因為優秀的詩歌作品被命待制集賢院。八年以後（西元755年），授右衛率府胄曹參軍，接著，他回家省親，沒想到就在他回家省親途中，「安史之亂」爆發了。在逃難期間以及一度被困在長安期間，杜甫當然也非常牽掛家人，特別是與他感情深厚的妻子，因而也寫下不少名作。很快的，太子李亨在靈武即位，杜甫急急忙忙的想去跟朝廷報到，卻誤入叛軍之中，歷經千辛萬苦才終於逃到鳳翔拜見天子；當時，杜甫渾身破破爛爛，簡直跟個叫花子差不多，這就是書上所說的「麻鞋見天子」。

不久便拜「左拾遺」，這個官雖然很小，但是能常常隨侍皇帝左右，已經是杜甫一生仕途的頂峰了。

然而，沒過多久，在宰相討伐叛軍的問題上，為人正直的杜甫講了幾句

公道話，得罪了權貴，皇上就叫他回家去省親算了。西元七五八年，杜甫出任華州司功參軍。第二年，他棄官入蜀，歷經秦州、同谷、成都、漢州等地，一路飽經風霜，還有幾個兒女活活餓死在路上，非常悲慘。

安史之亂結束後，西元七六四至七六五年，杜甫任成都節度使嚴武的參謀。不久，嚴武去世，杜甫就帶著家人離開成都，經戎州、渝州等地，在蜀（四川省）內買田耕地，當然也不忘寫詩。西元七六八年，因蜀中大亂，到處徘徊，生活非常困頓。

兩年以後的冬天，在一艘從潭州（今天的長沙）往岳陽的船上與世長辭。享年五十七歲。

杜甫的著作有《杜少陵集》二十五卷，為後人留下了一千四百多首詩作。他在中國文學史上有著任何人都不可取代的地位。杜甫被稱作「詩聖」，除了因為他對於詩歌中的各種體裁都駕輕就熟，運用自如，是詩歌集大成的人物之外，主要還是由於他詩作所流露出來的儒家「仁民愛物」的思想，所以總是能夠以飽含感情的筆調，客觀且忠實的來描寫人民的苦難。

他一生顛沛流離，窮困潦倒，可是他傾一生的心血，用詩歌記載了唐代由盛而衰的歷程。而在安史之亂以後，他對唐王朝的腐敗也有了深刻的認識，寫出了「朱門酒肉臭，路有凍死骨」、「富家廚肉臭，戰地駭骨白」等絕句。

第65個

佛教的傳播

佛教是世界四大宗教之一，起源於印度，創始人是釋迦牟尼。他本是淨飯國的太子，在十九歲那年，放棄一切的榮華富貴出家學道，歷盡千辛萬苦之後終於大徹大悟，尋找到人生的真諦，成了佛陀。

西元前三世紀，阿育王統治印度，規定佛教為國教。在阿育王的支持之下，佛教日漸發展壯大，甚至還經中亞傳到西域各國。

西漢末年，佛教經由絲綢之路從西域傳入中國。歷史上記載佛教傳入

中國最早的紀錄是在漢哀帝初年（哀帝在位的時間是西元前25年至西元元年），大月氏派使者伊存出使長安。伊存信奉佛教，博士弟子景盧就跟著伊存學習《浮屠經》（就是《佛經》）。

佛教傳入中國以後，最早的信徒都是帝王貴族。漢光武帝劉秀的兒子——楚王劉英，就是一個虔誠的佛教徒，非常熱中於到處宣講佛教故事，並且經常招聚方士沙門，進行祭神求福之類的活動。

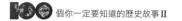

在永平八年的一天晚上，明帝做了一個奇怪的夢，夢見一個金光閃閃的神人在宮殿前飛來飛去，過了好一會兒之後又升到空中，然後就往西邊飛去了。明帝把劉英找來，把這個夢描述給他聽，問劉英知不知道這個夢是什麼意思？劉英認為，明帝所夢到的顯然就是佛，勸明帝趕快齋戒沐浴，更勸明帝要趕快派人去天竺國取經求佛（天竺國就是印度）。

明帝接受了這樣的建議，於是先派張騫等十二人到西域大月氏國去抄寫

佛經，接著又派博士弟子秦景等人到天竺去學習佛法。

西元六十七年，兩位印度名僧竺法蘭、迦葉摩騰，應東漢政府的盛情邀請，用白馬馱著一尊釋迦牟尼像以及佛經來到中國，並且親自向明帝講解教義。兩位名僧所帶來的佛經是寫在貝多羅樹葉上的（因為當時全世界都還沒有紙），所以就稱為「貝葉經」。明帝命人把貝葉經文譯成漢文。第二年，朝廷便在洛陽修建了中國歷史上第一所佛寺——白馬寺。但是在此之後有一段相當長的時間，佛教在中國的傳播並不廣，直到東漢末年以後，更多的西域名僧來到中國翻譯佛經，才慢慢促進了佛教的流傳。

魏晉以後，佛教逐漸成為一般老百姓普遍的信仰，也成為中國文化中一個重要的組成部分，儒、釋、道並列，對老百姓的生活發生了深遠的影響。到了南北朝時期，梁武帝（在位時間是西元502-549年）篤信佛教，對佛教的傳播發揮了很大的影響。梁武帝在首都建康（今江蘇省南京）廣修佛寺，最大的一所寺院同泰寺有僧眾數千人，誦經的時候，數里之外都可以聽得很清楚。梁武帝本人甚至還好幾次所謂「捨身」入佛門的紀錄，大臣們就一直捐錢給寺院，把皇帝給「贖」回來。

隋文帝統一中國以後，佛教傳播進入了全盛時期。隋文帝一生也是大力提倡佛教，下令各地都要出錢修廟，廣印佛經，佛經最多的時候，數量甚至是儒家著作的好幾十倍。

到了唐朝，佛教起初也很興盛，還出現了一批佛學大師（譬如玄奘），也創造出中國自己的佛教流派。唐朝佛教最興盛的時候，寺院廣布各地，多達五千多座，僧侶總數則高達數十萬，後來因為朝廷認為這樣會對社會經濟產生不良的影響，因此才慢慢禁止。玄宗就曾下令嚴禁再鑄造佛像、建造佛寺等等，並且禁止百官和僧尼、道士往來，還勒令精減僧尼人數，從而扼制了寺院的勢力。

第66個

藩鎮割據

歷時八年的「安史之亂」雖然最後被平定下來，但是朝廷從此再也很難恢復中央集權了。首先，是一位平定叛軍的將領僕固懷恩因為存有私心，想要接收安史餘部，藉以擁兵自重，擴大自己的勢力，便奏請朝廷讓叛將留守河北。對於這樣的要求，朝廷當然很不樂意，但是因為無力收回兵權，只得無奈的答應了他的請求。就這樣，在「安史之亂」結束以後，北方大部分

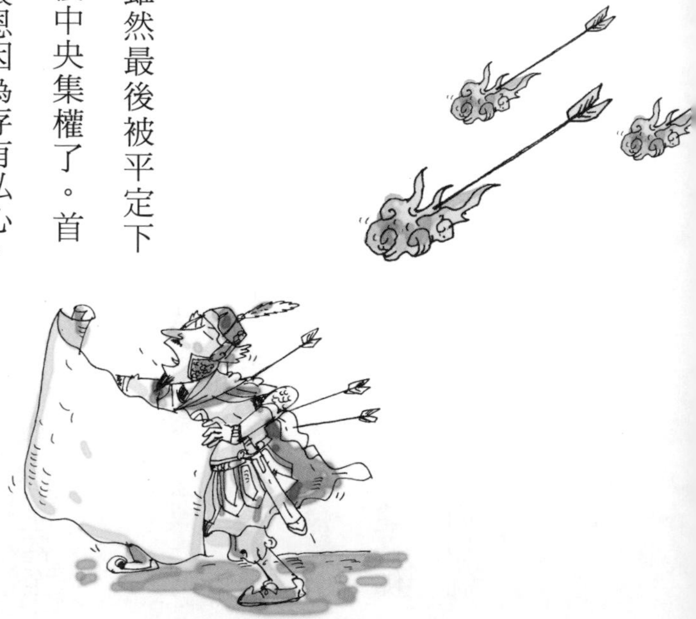

仍然被降將所占據。

其次，朝廷在平定叛亂的過程中，由於用兵的需要，不得不把邊地軍鎮制度擴展到內地，在一些重要的州設立節度使，次要的州則設立防禦使或團練使，於是，中原地區也就漸漸出現了不少軍鎮；這些軍事權力機構就成了所謂的藩鎮。

在「安史之亂」中，叛軍內部是很不團結的，矛盾重重。始作俑者安祿山雖然曾在洛陽自稱大燕皇帝，但是在叛亂爆發之後的兩年左右（西元757年）就被自己的兒子安慶緒殺死，安慶緒後來又被史思明所殺，史思明在范陽也自稱大燕皇帝，不久史思明也被自己的兒子史朝義所殺，叛軍更加分裂。最後，大將郭子儀和李光弼率領唐軍和回紇兵夾攻史朝義，史朝義兵敗自殺，「安史之亂」才宣告結束。但是，這只是表面上的結束，事實上，過去的那種太平盛世是再也回不來了。

在史朝義死後，其他各部叛軍眼看大勢已去，紛紛投降，可是他們表面上雖然歸降了唐朝，卻仍然握有重兵，並且也都不願將兵權交出。朝廷無奈，只得妥協，一一封他們為節度使。幽州、成德、魏博、相衛節度使就是這麼來的，負責的將領都是「安史之亂」中的降將，這也成為「安史之亂」後出現的第一批藩鎮勢力。

接下來，這些節度使的職位居然不受朝廷的任免調遣，而是父死子繼、兄弟相繼或部將承襲，漸漸就像一個小朝廷似的，成為獨霸一方的割據勢力，不僅自己委派官吏、完全不接受朝廷指揮，也不向朝廷交納賦稅，還經常為了搶地盤而互相打來打去。

過了一段時間，魏博鎮兼併了相衛鎮，形成盧龍、成德和魏博這三大藩鎮，又稱「河朔三鎮」（河朔就是河北），割據了河北、山東、河南和山西。

「河朔三鎮」是唐朝後期藩鎮割據的發源地，同時也是實力最雄厚的地區。很快的，內地的節度使也效法「河朔三鎮」，紛紛武裝割據。演變到後來，全國各地竟然有幾十個藩鎮據地自守。藩鎮割據的局面至此徹底形成，並且一直持續了一百多年，藩鎮之間為了爭取更大的利益，連年混戰，直到唐朝滅亡為止。

（這一冊我們了解了從西漢至唐代的歷史，接下去還會有哪些有意思、又特別有意義的歷史故事呢？請看第三冊！）

國家圖書館出版品預行編目資料

100個你一定要知道的歷史故事／管家琪文；
蔡嘉驊圖．-- 初版．-- 台北市：幼獅，2011.02
冊；　公分．--（多寶槅．文藝抽屜；165-167）

ISBN 978-957-574-813-5（第1冊：平裝）--
ISBN 978-957-574-814-2（第2冊：平裝）--
ISBN 978-957-574-815-9（第3冊：平裝）

1.歷史故事
610.9　　　　　　99026461

・多寶槅166・文藝抽屜

100個你一定要知道的歷史故事 II

作　　者＝管家琪
繪　　圖＝蔡嘉驊
出 版 者＝幼獅文化事業股份有限公司
發 行 人＝李鍾桂
總 經 理＝王華金
總 編 輯＝林碧琪
主　　編＝林泊瑜
編　　輯＝周雅娣
美術編輯＝李祥銘
總 公 司＝10045台北市重慶南路1段66-1號3樓
電　　話＝(02)2311-2832
傳　　真＝(02)2311-5368
郵政劃撥＝00033368

印　刷＝崇寶彩藝印刷股份有限公司
定　價＝280元
港　幣＝93元
初　版＝2011.02
七　刷＝2019.05
書　號＝961036

幼獅樂讀網
http://www.youth.com.tw
e-mail:customer@youth.com.tw

行政院新聞局核准登記證局版台業字第0143號

幼獅文化公司／讀者服務卡／

感謝您購買幼獅公司出版的好書！
為提升服務品質與出版更優質的圖書，敬請撥冗填寫後（免貼郵票）擲寄本公司，或傳真（傳真電話02-23115368），我們將參考您的意見、分享您的觀點，出版更多的好書。並不定期提供您相關書訊、活動、特惠專案等。謝謝！

基本資料

姓名：……………………先生／小姐

婚姻狀況：□已婚 □未婚　職業：□學生 □公教 □上班族 □家管 □其他

出生：民國……………年……………月……………日

電話：（公）……………（宅）……………（手機）……………

e-mail：……………………

聯絡地址：……………………

1.您所購買的書名：**100個你一定要知道的歷史故事 II**

2.您通常以何種方式購書？：□1.書店買書 □2.網路購書 □3.傳真訂購 □4.郵局劃撥
（可複選）□5.幼獅門市 □6.團體訂購 □7.其他

3.您是否曾買過幼獅其他出版品：□是，□1.圖書 □2.幼獅文藝 □3.幼獅少年
□否

4.您從何處得知本書訊息：□1.師長介紹 □2.朋友介紹 □3.幼獅少年雜誌
（可複選）□4.幼獅文藝雜誌 □5.報章雜誌書評介紹……………報
□6.DM傳單、海報 □7.書店 □8.廣播(　　　)
□9.電子報、edm □10.其他……………

5.您喜歡本書的原因：□1.作者 □2.書名 □3.內容 □4.封面設計 □5.其他

6.您不喜歡本書的原因：□1.作者 □2.書名 □3.內容 □4.封面設計 □5.其他

7.您希望得知的出版訊息：□1.青少年讀物 □2.兒童讀物 □3.親子叢書
□4.教師充電系列 □5.其他

8.您覺得本書的價格：□1.偏高 □2.合理 □3.偏低

9.讀完本書後您覺得：□1.很有收穫 □2.有收穫 □3.收穫不多 □4.沒收穫

10.敬請推薦親友，共同加入我們的閱讀計畫，我們將適時寄送相關書訊，以豐富書香與心靈的空間：

(1)姓名……………e-mail……………電話……………

(2)姓名……………e-mail……………電話……………

(3)姓名……………e-mail……………電話……………

11.您對本書或本公司的建議：

廣　告　回　信
台北郵局登記證
台北廣字第942號

請直接投郵　免貼郵票

10045　台北市重慶南路一段66-1號3樓

幼獅文化事業股份有限公司 收

請沿虛線對折寄回

客服專線：02-23112832分機208　　傳真：02-23115368

e-mail：customer@youth.com.tw

幼獅樂讀網http：//www.youth.com.tw